Anselm Grün

# 50 Engel für die Seele

FREIBURG · BASEL · WIEN

Gedruckt auf umweltfreundlichem,
chlorfrei gebleichtem Papier

Originalausgabe

Alle Rechte vorbehalten – Printed in Germany
© Verlag Herder Freiburg im Breisgau 2002
www.herder.de
Satz & Layout: DTP-Studio Helmut Quilitz, Denzlingen
Druck und Bindung: fgb · freiburger graphische betriebe 2002
www.fgb.de
Umschlaggestaltung und Konzeption:
R·M·E München / Roland Eschlbeck, Liana Tuchel
Umschlagmotiv: L'Echelle de Jacob. Anonym.
© Avignon, Musée du Petit Palais
© Autorenfoto: Markus Bollen, Froschpfad 9,
51427 Bensberg, Tel. +49-2204-22220
ISBN 3-451-05277-6

# INHALT

Einleitung . . . . . . . . . . . . . . . . . . 7

1. Der Engel des Friedens . . . . . . . . . . . . . . . 17
2. Der Engel der Selbstbestimmung . . . . . . . . . . 21
3. Der Engel der Entspannung . . . . . . . . . . . 24
4. Der Engel der Weisheit . . . . . . . . . . . . . . 27
5. Der Engel der Selbsterkenntnis . . . . . . . . . . 30
6. Der Engel des Vergessens . . . . . . . . . . . . 33
7. Der Engel der Tapferkeit . . . . . . . . . . . . . 36
8. Der Engel des Gehorsams . . . . . . . . . . . . 39
9. Der Engel der Besonnenheit . . . . . . . . . . . 42
10. Der Engel der Diskretion . . . . . . . . . . . . . 45
11. Der Engel des Schweigens . . . . . . . . . . . . 48
12. Der Engel der Gerechtigkeit . . . . . . . . . . . 51
13. Der Engel der Lauterkeit . . . . . . . . . . . . . 54
14. Der Engel der Unbestechlichkeit . . . . . . . . . 57
15. Der Engel der Großmut . . . . . . . . . . . . . 60
16. Der Engel des Lächelns . . . . . . . . . . . . . . 62
17. Der Engel des guten Schlafes . . . . . . . . . . . 66
18. Der Engel der Lebenslust . . . . . . . . . . . . . 69
19. Der Engel des Augenmaßes . . . . . . . . . . . 72
20. Der Engel der Ruhe . . . . . . . . . . . . . . . 75
21. Der Engel der Nächstenliebe . . . . . . . . . . . 78
22. Der Engel der Freundschaft . . . . . . . . . . . 81
23. Der Engel der Beharrlichkeit . . . . . . . . . . . 84
24. Der Engel der Zuverlässigkeit . . . . . . . . . . 86

25. Der Engel des Freimuts . . . . . . . . . . . . . . . 89
26. Der Engel der Verbindlichkeit . . . . . . . . . . . 91
27. Der Engel des Dienens . . . . . . . . . . . . . . . 93
28. Der Engel der Wachsamkeit . . . . . . . . . . . . 95
29. Der Engel der Ausgeglichenheit . . . . . . . . . . 99
30. Der Engel der Toleranz . . . . . . . . . . . . . . 101
31. Der Fest-Engel . . . . . . . . . . . . . . . . . . . 104
32. Der Engel der Solidarität . . . . . . . . . . . . . 107
33. Der Engel des Humors . . . . . . . . . . . . . . . 109
34. Der Engel des Verzichts . . . . . . . . . . . . . . 112
35. Der Engel der Gastfreundschaft . . . . . . . . . . 115
36. Der Engel der kleinen Freundlichkeiten . . . . . . 118
37. Der Engel der Fairness . . . . . . . . . . . . . . . 120
38. Der Engel der Gewaltlosigkeit . . . . . . . . . . . 122
39. Der Engel der Güte . . . . . . . . . . . . . . . . 124
40. Der Engel der Inspiration . . . . . . . . . . . . . 126
41. Der Engel der Hoffnung . . . . . . . . . . . . . . 128
42. Der Engel des Glaubens . . . . . . . . . . . . . . 131
43. Der Engel der Selbstbeherrschung . . . . . . . . 135
44. Der Engel der Achtung . . . . . . . . . . . . . . . 138
45. Der Engel des Segnens . . . . . . . . . . . . . . . 141
46. Der Engel des Teilens . . . . . . . . . . . . . . . 144
47. Der Engel des Mitleids . . . . . . . . . . . . . . . 147
48. Der Engel der Integration . . . . . . . . . . . . . 150
49. Der Engel des Lobes . . . . . . . . . . . . . . . . 152
50. Der Engel des Lichts . . . . . . . . . . . . . . . . 155

# EINLEITUNG

Es schwingt viel mit, wenn wir heute das Wort „Seele" verwenden. Das Wort hat eine Geschichte voller Bedeutung, die nicht für jeden, der es hört, eindeutig ist. Da gibt es die Seelenlehre des Platon, der die unsterbliche Seele im Gegensatz zum sterblichen Leib sieht. Da ist die biblische Sicht der Seele, die das Leben und die Lebendigkeit des Menschen bezeichnet. Im Akt der Erschaffung wird dem Adam der Lebensatem eingehaucht (Gen 2,7). Die Seele ist für das Alte Testament Lebenshauch und Lebenskraft. Sie erst macht den Menschen ganz zum Menschen. Das Neue Testament sieht die Seele (psyche) oft als Bild für das Selbst des Menschen. Heute übersetzen die Exegeten das griechische Wort „psyche" oft mit „Leben". Die „psyche" kann man nicht absichern. Man gewinnt sie nur, wenn man sie loslässt (Mk 8,35). Aber die Menschen können sie auch nicht töten (Mt 10,28). Die Seele (psyche) als das eigentliche Selbst, als das Innere des Menschen, als den wahren Personkern, gilt es zu retten. Augustinus will nichts anderes wissen als Gott und die Seele. Die Seele hat eine unergründliche Tiefe für ihn. Sie ist der Ort, an dem der Mensch auf die letzte und entscheidende Wirklichkeit hin offen ist. Es braucht nach Augustinus ein Leben lang, das Geheimnis der Seele zu erforschen. Für lange Zeit ist die Sicht des Thomas von Aquin maßgeblich geworden, der von der Seele als „forma corporis", als Gestaltungsprinzip des Leibes spricht. Für Thomas hat die Seele immer eine enge Beziehung zum Körper. Sie ist ohne Körper nicht denkbar. Auch nach dem Tod möchte sie sich wieder im Leib ausdrücken.

In unserer Zeit hat sich vor allem C. G. Jung mit dem Phänomen der Seele beschäftigt. Er wirft manchen Schulen der Psychologie vor, dass sie eine „Psychologie ohne Seele" sei. Er sagt von der Seele: „Die Seele, als eine Spiegelung von Welt und Mensch, ist von solcher Mannigfaltigkeit, dass man sie von unendlich vielen Seiten betrachten und beurteilen kann." Er betrachtet die Namen, die die verschiedenen Sprachen dem Phänomen der Seele gegeben haben. Er meint, Seele komme vom Gotischen „saiwala" und bedeute: „beweglich, bunt, schillernd". Die Seele ist „bewegende Kraft, wohl Lebenskraft".

Das griechische Wort „psyche" kann Schmetterling heißen. Es hängt aber auch zusammen mit „psychein = hauchen, atmen". Das lateinische Wort für Seele „anima" kommt vom griechischen „anemos = Wind". Die Seele wird also immer in engem Zusammenhang mit dem Atem gesehen. Sie ist für manche Völker ein unsichtbarer Hauchkörper. Der Duden leitet das deutsche Wort Seele ab von „die vom See stammende". Im See war die Seele offensichtlich vor der Geburt des Menschen und dorthin kehrt sie nach seinem Tod zurück.

Die Volkskunst stellt die Seele häufig als Seelenvogel dar, der aus dem sterbenden Leib des Menschen entweicht. In christlichen Darstellungen nimmt Christus oft die scheidende Seele als ein kleines, mit weißem Gewand bekleidetes Kind auf.

Wenn wir in die Religionsgeschichte schauen, so gründen die Vorstellungen von einer Seele einmal auf der Sehnsucht nach Ekstase, über sich selbst hinauszuwachsen, auf der Sehnsucht nach Unsterblichkeit und auf der Erfahrung, dass es noch andere Arten des Erkennens und Sehens gibt als die mit Verstand und Vernunft.

Bei allem Sprechen von der Seele bleibt eine Unschärfe. Man kann den Begriff nicht klar definieren. Aber man muss es auch gar nicht. Gerade das Schillernde reizt, den Reichtum der menschlichen Seele zu erahnen. Heraklit, einer der frühesten griechischen Philosophen (um 500 v. Chr.), sagt von der Seele: „Der Seele Grenzen kannst du durchwandernd nicht ausfindig machen, auch wenn du jeden Weg abschrittest."

Heute hat „Seele" für uns einen neuen Klang gewonnen. Einmal hat sich die Psychologie eingehend damit beschäftigt und viele seelische Störungen aufgedeckt. Zum anderen meinen wir heute mit Seele die Einmaligkeit des Menschen, seine Innerlichkeit, eine andere Dimension als die Dimension des Machbaren. Wenn wir in diesem Sinn von der Seele sprechen, dann beziehen wir uns auf die innere Würde des Menschen, auf sein Herz, auf den inneren Bereich, in dem Phantasie und Kreativität walten, in dem er noch zu träumen versteht. Seele, das meint die zarten inneren Regungen, die wir haben. Die Seele enthebt uns der Alltagswelt. Wir können uns in unsere Seele zurückziehen, wenn wir leiden an der Seelenlosigkeit der Gesellschaft. Seelenlos sind Menschen, die nur an der Oberfläche leben, die ohne Tiefe sind, die nur funktionieren. Mit ihnen kann man sich nicht unterhalten. Da strömt einem Kälte entgegen. Dagegen sprechen wir von einem Menschen, dass er „eine Seele von Mensch" ist, dass er eine treue und gute Seele ist. Wenn eine Frau in einem Haus eine gute Atmosphäre verbreitet, nennt man sie „die Seele des Hauses". Aber es gibt viele Häuser, die seelenlos geworden sind, leer, kalt und abstoßend. Wir sehnen uns nach einer guten Seele, mit der wir sprechen können. Aber manchmal suchen wir umsonst nach einer Seele, mit der uns Seelenverwandtschaft verbindet. Wir fühlen uns „mutterseelenallein". Der amerikanische Unternehmensberater Secretan spricht heute von „Soul-Management = Seelen-Management". Er versteht darunter, dass der Führende die Seele seiner Mitarbeiter beflügelt, statt den Betrieb seelenlos wie eine Maschine zu behandeln. Wer die Seele seiner Mitarbeiter beflügelt, der wird eine Atmosphäre von Kreativität, von Humor, von Menschlichkeit und Lebendigkeit erzeugen, in der sich die Menschen wohl fühlen.

## EINLEITUNG

Die Seele verbindet uns mit Gott. So sieht es nicht nur die griechische Philosophie. Fast alle religiösen Überlieferungen sind davon überzeugt, dass die Seele uns auf Gott hin öffnet. Die Seele zeigt uns, dass wir als Menschen eingetaucht sind in den göttlichen Wurzelgrund, dass wir in unserem Innern Anteil haben an der göttlichen Natur, wie es der 2. Petrusbrief ausdrückt (2 Petr 1, 4). Und der 1. Petrusbrief verheißt uns, dass wir durch Christus das Ziel unseres Glaubens erreichen werden: „das Heil der Seelen" (1 Petr 1, 9). Das Heil der Seelen zu sehen „ist sogar das Verlangen der Engel" (1 Petr 1, 12). So sieht der Verfasser des 1. Petrusbriefes einen Zusammenhang zwischen Engel und Seele. Die Engel möchten gerne das Heil der Seele sehen. Ihnen ist es ein Anliegen, dass die Seele heil ist und ganz, dass sie ihren Glanz nicht verliert, sondern sich so zeigt, wie sie geschaffen wurde. Engel beflügeln die Seele, dass sie den Reichtum ihrer Anlagen entfalten kann. Engel bringen uns in Berührung mit unserer Seele, damit wir uns in unserer Seele wohl fühlen, damit wir daheim sind in unserer Seele, dass wir wieder in unserer Seele wohnen und nicht im kalten Außen heutiger Betonwüsten. Engel schützen die Seele. Sie breiten schützend ihre Flügel aus, damit seelenlose und unmenschliche Tendenzen sie nicht verletzen. Engel wachen über unsere Seele, damit sie uns beseelen kann, damit sie ihre heilende und belebende Wirkung auf unser menschliches Sein entfalten kann. Engel führen ein in die verschiedenen Haltungen, in denen sich die Seele ausdrückt. Sie locken das Leben hervor, das in der Seele steckt. Sie bringen das Potential menschlicher Möglichkeiten zur Geltung. Engel verweisen uns auf den inneren Reichtum, der in uns verborgen liegt. Sie bringen unsere Seele zum Schwingen, damit in allem, was wir tun, unsere Seele mitschwingt. Wenn unsere Seele zu schwingen beginnt, dann können wir auch einschwingen in die Seelen der Menschen um uns herum. Dann entsteht eine gemeinsame Schwingung, und wir fühlen uns im Innersten mit den Menschen verbunden.

## EINLEITUNG

In der Mythologie wird die Seele oft als Frau dargestellt. Nicht umsonst heißt die Seele im Lateinischen „anima" gegenüber dem „animus = Mut, Kraft". Offensichtlich wurde die Seele als etwas Zartes und Kostbares gesehen, das aber genauso geschützt werden muss wie die Frau, die in den Mythen zahlreichen Gefahren ausgesetzt ist und von Räubern und Tyrannen bedroht wird. Die Frau hilft dem Mann, der oft genug nur außen umherirrt und sich auf äußere Kämpfe einlässt, dass er wieder in Berührung mit seiner Seele komme. Seele heißt im Bild der Frau: das feine und zarte Denken, das Denken des Herzens und nicht nur vernünftiges, aber kaltes Argumentieren. Seele meint Phantasie, Kreativität, Offenheit für das Göttliche, leise Impulse, Spontaneität, Intuition.

In unserer seelenlosen Welt ist es, so verstanden, Bedingung für unsere Gesundheit, dass wir wieder mit unserer Seele in Berührung kommen. Und es würde ein neues Miteinander entstehen, wenn wir der Seele in uns mehr Raum geben, wenn wir den seelischen Regungen in uns trauen.

Für unseren spirituellen Weg ist es unerlässlich, dass wir unsere Seele neu entdecken. Denn, so sagt schon Gregor von Nyssa, in der menschlichen Seele möchte Gott geboren werden. Und Meister Eckehart spricht vom Seelengrund, in dem die Gottesgeburt in uns stattfindet und uns zu unserem unberührten und unverfälschten Selbst führt.

Lukas, der Grieche, erzählt uns ein Gleichnis, in dem die Frau für die Seele steht. Und er zeigt uns in diesem Gleichnis, wie wir mit unserer Seele in Berührung kommen können. Es ist das Gleichnis vom gottlosen Richter und der Witwe in Lk 18, 2–8: „In einer Stadt lebte ein Richter, der Gott nicht fürchtete und auf keinen Menschen Rücksicht nahm. In der gleichen Stadt lebte auch eine Witwe, die immer wieder zu ihm kam und sagte: Verschaff mir Recht gegen meinen Feind! Lange wollte er nichts davon wissen. Dann aber sagte er sich: Ich fürchte zwar Gott nicht und nehme auch auf keinen Menschen Rücksicht; trotzdem will ich dieser Witwe zu ihrem Recht verhelfen, denn sie lässt mich nicht in Ruhe. Sonst kommt sie am Ende noch und schlägt mich ins Gesicht. Und der Herr fügte hinzu: Bedenkt, was der ungerechte Richter sagt. Sollte Gott seinen Auserwählten, die Tag und Nacht zu ihm schreien, nicht zu ihrem Recht verhelfen, sondern zögern? Ich sage euch: Er wird ihnen unverzüglich ihr Recht verschaffen."

Man kann dieses Gleichnis auf verschiedene Weise auslegen. Man kann die Frau als Bild für die angefochtene christliche Gemeinde am Ende des 1. Jahrhunderts sehen oder als Typ für einen Menschen, der keinen „animus" hat, der sich nicht wehren kann, der den Angriffen der Feinde schutzlos ausgesetzt ist und keine Instanz hat, an die er sich wenden kann. Die Witwe kann aber auch ein Bild für die Seele sein. Wie man die Personen in der Traumdeutung als Teile des eigenen Selbst sieht, so könnten die Witwe, der Feind und der Richter Anteile unserer Psyche sein. Die Witwe steht dann für die Seele. Die Seele, das sind die inneren Impulse, das ist das Gespür, dass wir einen göttlichen Glanz haben, dass wir eine einmalige Berufung und Sendung haben, dass wir etwas Besonderes sind. Die Seele umfasst die tiefsten Gefühle, zu denen wir fähig sind, in denen sich unsere Einmaligkeit ausdrückt. Die Seele – so sagt uns das Gleichnis – wird vom Feind bedrängt. Der Feind, das können die Lebensmuster sein, in die wir immer wieder verfallen, die uns daran hindern, aus unserer Seele heraus zu leben. Das können unsere Fehler und Schwächen sein, die uns niederdrücken. Das können auch Menschen sein, die uns verzwecken und benutzen möchten, die uns ihre Bilder übergestülpt haben und uns in ein Korsett zwängen, das zu eng für uns ist, in ein Prokrustesbett, in dem wir zugrunde gehen. Die Stadt, in der wir leben, das ist unsere Alltagswirklichkeit, die Welt unserer Arbeit, unserer Beziehungen, das ist unsere Familie, unser Freundeskreis. Neben dem Feind gibt es da noch einen Richter. Der Richter sagt von sich: „Ich fürchte Gott nicht und nehme auch auf keinen Menschen Rücksicht" (Lk 18, 4). Der Richter steht für das eigene Über-Ich. Es ist ein strenges Über-Ich, das kein Interesse hat, dass es uns gut geht. Es ist willkürlich und grausam. Es möchte uns quälen und erniedrigen. Das Über-Ich fürchtet auch Gott nicht. Es macht sich selbst zum Götzen, zur obersten Instanz. Doch diese Instanz ist unbarmherzig. Es geht ihr nur um das eigene Überleben, aber nicht um das Wohl der Seele. Das Über-Ich nimmt keine Rücksicht auf die Bedürfnisse der Seele. Es hat keinen Respekt vor unserer Würde. Es ist menschenverachtend, seelenlos, seelentötend. Dieser innere Richter spricht zu der Seele in uns: „Bilde Dir nicht ein, dass Du etwas Besonderes bist. Passe Dich einfach an. Gib Dich zufrieden mit dem, was ist. Mehr gibt es nicht. Schlag Dir Deine Flausen aus dem Kopf. Das Leben ist halt einfach so. Mehr gibt es nicht. Du bist nichts. Du kannst nichts. Dein Leben wird nie gelingen. So ist es nun einmal. Damit musst Du Dich abfinden. Frage nicht nach dem Sinn Deines Lebens. Es gibt ihn nicht."

Nach außen hin hat die Witwe keine Chance. Sie hat keine Lobby, die für sie eintritt. Sie ist schutzlos dem Feind ausgesetzt. Sie kämpft zwar für sich und ihr Recht auf Leben. Aber der Richter kümmert sich nicht um das Recht. Er agiert völlig willkürlich. Doch die Witwe gibt nicht auf. Und das Unerwartete geschieht: Die schwache Witwe bewegt den Richter, ihr Recht zu verschaffen, weil er, der starke Mann, Angst hat, dass die Witwe in ihrer Hartnäckigkeit kommen und ihm eine Ohrfeige verpassen könnte. Jesus sagt nun, dass das Gebet der Weg sei, der Seele Recht zu verschaffen gegenüber dem Feind und den gottlosen Richter zu entmachten. Im Gebet kommen wir in Berührung mit unserer Seele. Da bekommen die inneren Ahnungen der Seele Recht. Da richtet sich unsere Seele auf. Wir spüren, dass wir etwas Besonderes und Einmaliges sind, dass wir göttlich sind, Anteil haben an der göttlichen Natur, dass wir einen weiten Horizont haben, einen göttlichen

Glanz, den uns niemand nehmen kann. Die Seele lehrt uns, dass in unserem Inneren ein unermesslicher Reichtum an Möglichkeiten steckt.

Für Jesus ist das Gebet der Weg, mit unserer Seele in Berührung zu kommen und sie zu stärken gegenüber den Kräften und Mächten dieser Welt. Jesus spricht vom unablässigen Gebet. Wer im Gebet ist, der ist auch mit seiner Seele in Kontakt. Der spirituelle Weg ist der Weg der Seele. Für Augustinus heißt beten: mit der Sehnsucht der Seele in Berührung kommen. Wenn ich bete, spüre ich, dass ich nicht aufgehe im äußeren Tun, in Erfolg und Misserfolg, in gelungenen und misslingenden Beziehungen. In mir ist eine andere Welt, die göttliche Welt, in der meine Seele zu Hause ist. Dort kann ich wohnen, auch wenn mir hier Menschen mein Wohnrecht streitig machen. Dort kann ich leben, auch wenn mich hier Feinde bedrängen. Dort blüht meine Seele auf. Und niemand kann sie mehr beschneiden und beschränken.

In der Tradition sind es die Engel, die unserer Seele Recht verschaffen. Sie führen uns im Traum die Buntheit unserer Seele vor Augen, sie zeigen uns die eigenen Möglichkeiten auf. Der Traum mutet uns viel mehr zu, als wir uns in der bewussten Welt oft zutrauen. Im Traum können wir fliegen, da verwandeln wir uns in ein Tier und wieder in einen Menschen. Da sterben wir und sind doch lebendig. Da können wir manchmal das Licht Gottes sehen. Engel schützen unsere Seele. Engel führen uns ein in das Geheimnis der Seele. Sie stehen selbst für den inneren Bereich in uns. Die Kunst hat die Seele und die Engel oft auf ähnliche Weise dargestellt. Sie hat ein Gespür dafür, dass die Engel einen engen Zusammenhang mit der Seele haben. Engel sind normalerweise genauso unsichtbar wie die Seele. Sie sind aber auch erfahrbar wie die Seele. Sie sind aus einem anderen Stoff als die sichtbare Welt. Sie erfüllen unsere Sehnsucht nach Ekstase, nach einer anderen und tieferen

Sicht der Wirklichkeit. Engel stehen für Kräfte unserer Seele, für die inneren Ressourcen, aus denen wir schöpfen müssen, um unser Leben zu bestehen. Sie beschreiben die Möglichkeiten, die in unserer Seele bereitliegen, damit wir den Reichtum des Lebens entfalten, der uns zugedacht hat. Engel führen uns ein in die Tugenden, die unsere Seele braucht, um tauglich zu sein für die Aufgabe, unser Personsein authentisch darzustellen. Das meint ja das Wort „Tugend", dass wir als Mensch tauglich sind, dass wir eine Tüchtigkeit als Mensch entwickeln, dass wir die Kräfte, die in uns sind, auch entfalten. Die Tugenden ermöglichen es uns, in dieser Welt tüchtig zu sein. Sie befähigen uns, die Aufgaben in der Welt zu erfüllen. Wir müssen uns die Tugenden nicht mit unserer eigenen Willenskraft mühsam erarbeiten. Ein Engel begleitet uns und weist uns ein in die Kunst des Lebens, in Haltungen, die unser Menschsein entfalten. Der Engel spürt, was wir gerade nötig haben. Er ist in Berührung mit unserer Seele. Er gibt ihr das, was sie gerade nährt, was sie gerade braucht, um den nächsten Lebensabschnitt gut zu bewältigen.

In diesem Buch sollen 50 Engel dargestellt werden, die uns einführen in den Reichtum unserer Seele. Sie sollen uns anregen, die Fähigkeiten zu entfalten, die in unsere Seele hineingelegt sind. Wir können die vielfältigen Möglichkeiten unserer Seele nicht alle auf einmal leben. Aber wir können unser Augenmerk für einige Zeit immer auf einen Aspekt unserer Seele werfen. In dem Buch „50 Engel für das Jahr" konnte ich nicht alle Haltungen beschreiben, die der Seele gut tun. Auch in diesem Buch wird der Leser oder die Leserin einige Tugenden vermissen, die ihr wichtig geworden sind. Es sind die Engel, die mir eingefallen sind. Und ich hoffe, dass sie auch Dir, liebe Leserin und lieber Leser, gut tun. Die 50 Engel möchten uns helfen, die vielen Facetten unserer Seele zu entfalten. Die Engel zeigen uns, dass wir nicht aus eigener Anstrengung den Reichtum unserer Seele ausleben können. Wir brauchen dazu den Engel, den Boten Gottes. Gott selbst muss uns im Engel seine Gnade, seinen Geist, schicken, damit die Seele in uns erstarke, damit wir nicht seelenlos leben, sondern aus dem inneren Bereich unserer Seele heraus unser Leben gestalten und diese Welt formen.

Das Buch „50 Engel für das Jahr" hat viele Menschen zu persönlichen Ritualen angeregt. Da hat ein Ehepaar jeden Samstagabend das Buch blind aufgeschlagen. Der Engel, auf den sie dabei gestoßen sind, hat sie dann für eine Woche begleitet. Andere haben jeden Morgen einen Engel gezogen, der sie tagsüber begleitet hat. So möchte auch dieses Buch dazu einladen, Rituale zu entwickeln, die Dir helfen, den Reichtum Deiner Seele zu entfalten und Dich so an der Buntheit und Vielfalt Deines Lebens zu erfreuen. Gott hat nicht zu klein von Dir gedacht. Er hat Dir viele Engel zur Seite gestellt, die Dich einführen wollen in das Geheimnis des Lebens. Die „50 Engel für die Seele" beschreiben weitere Haltungen, in die uns die Engel einführen möchten, um das Potential unserer Seele zu entfalten. Vertraue darauf, dass auch Dich ein Engel begleitet und dass Dir immer der Engel geschickt wird, den Du gerade brauchst. Du kannst das Buch aufschlagen und den Engel lesen, den Du gerade findest. Oder Du kannst die Engel auf Karten schreiben und dann einen ziehen und auch Deine Freunde und Freundinnen eine Engelkarte ziehen lassen. Vertraue darauf, dass Du dem Engel begegnest, der Dich gerade in Deiner Situation herausfordert und weiter führt. Wenn Du Deinen Engeln traust, dann wirst Du entdecken, wer Du eigentlich bist und wozu Du fähig bist. Traue Dir selbst zu, dass Du wertvoll und einmalig bist, dass Du einen weiten Horizont hast und einen göttlichen Glanz der Seele.

# 1.
## Der Engel des Friedens

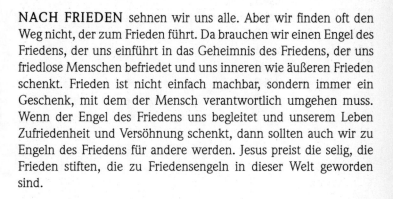

**NACH FRIEDEN** sehnen wir uns alle. Aber wir finden oft den Weg nicht, der zum Frieden führt. Da brauchen wir einen Engel des Friedens, der uns einführt in das Geheimnis des Friedens, der uns friedlose Menschen befriedet und uns inneren wie äußeren Frieden schenkt. Frieden ist nicht einfach machbar, sondern immer ein Geschenk, mit dem der Mensch verantwortlich umgehen muss. Wenn der Engel des Friedens uns begleitet und unserem Leben Zufriedenheit und Versöhnung schenkt, dann sollten auch wir zu Engeln des Friedens für andere werden. Jesus preist die selig, die Frieden stiften, die zu Friedensengeln in dieser Welt geworden sind.

Wenn wir dem Geheimnis des Friedens nachsinnen, dann ist es sinnvoll, die Sprache zu befragen. Im Hebräischen spricht man vom Schalom. Wenn man sich grüßt, wünscht man sich gegenseitig Schalom, um sich im Schalom alles zuzusprechen, was der Mensch zum Leben braucht: Frieden, Fülle des Lebens, Wohlbefinden, Glück, Zufriedenheit. Die Griechen übersetzen das hebräische Wort Schalom mit „Eirene". Das meint den Wohlstand, aber auch die Ruhe, die Seelenruhe. Friede ist für die Griechen ein Zustand der Ruhe. Es gibt keinen Streit. In so einem Zustand der Ruhe und des Friedens kann der Mensch sich eine gesicherte Existenz aufbauen und zu Wohlstand kommen. Eirene hat auch mit Harmonie zu tun. Alles stimmt miteinander überein und alles passt zusammen. Wenn alles für den Menschen stimmt, dann kann er stimmig leben, in Übereinstimmung mit seinem Herzen, aber auch in Übereinstimmung mit seinen Brüdern und Schwestern. Dann entsteht ein Einklang der Herzen und ein stimmiges Zusammenklingen der äußeren Verhältnisse.

Das lateinische Wort für Frieden „pax" kommt von „pacisci", und das heißt: Verhandlungen führen, einen Pakt schließen, einen Vertrag schließen. Friede entsteht für die Römer, indem sie miteinander sprachen und sich auf gemeinsame Regeln einigten. Im Bund, den man schließt, verpflichten sich beide Partner, die gemeinsamen Abmachungen einzuhalten. Hier wird ein wichtiger Aspekt des Friedens sichtbar. Man muss miteinander sprechen, damit Friede entstehen kann. Wer seine Gefühle unterdrückt, der kann zwar äußerlich Frieden halten. Aber irgendwann werden seine verdrängten Aggressionen hochkommen und den äußeren Frieden gefährden. Gefühle, die nicht ausgesprochen werden, blockieren uns und trennen uns voneinander. Friede war für die Römer nie ein idealer Zustand, der einfach da ist. Er muss erworben werden, indem man sich gemeinsam auf gleiche Grundsätze einigt. Er braucht also Arbeit und Anstrengung. Und er braucht Klarheit. Friede entsteht nur, wenn einer auf den anderen hört, ihm zuhört und im gemeinsamen Hinhören ein Kompromiss entsteht, mit dem alle gut leben können. Es gibt nie den idealen Frieden, sondern immer nur den relativen Frieden, der zwischen zwei Menschen oder zwei Gruppen entsteht.

Das deutsche Wort „Frieden" hat mit „frei" zu tun. „Frei" bedeutet von der indogermanischen Wurzel her: „schützen, schonen, gern haben, lieben". Die freien Personen sind die, die man liebt und daher schützt. Es sind die Freunde, um die herum man einen Schutzwall errichtet, die man befriedet. Friede ist ein geschützter Bereich, in dem sich freie Menschen aufhalten und einander freundschaftlich begegnen. Friede hat aber auch mit Freundschaft und mit Liebe zu tun. Die Germanen haben ihre eigenen Erfahrungen mit dem Frieden gemacht. Sie haben ihre Freunde geschützt, indem sie einen Raum verteidigt haben, in den kein Feind eindringen kann. Sie haben sie eingefriedet, eine Einfriedung, einen Zaun um sie herum gezogen. Dort konnten sie friedlich miteinander leben und einander lieben. Auch für die Germanen ist der Friede nicht einfach da. Er muss geschützt werden. Man muss für ihn eintreten. Man muss ihn verteidigen.

Es gibt nicht nur den Frieden zwischen den Menschen, sondern auch den inneren Frieden, den Seelenfrieden. Hier geht es darum, dass wir den inneren Bereich unserer Seele schützen und die Feinde unserer Seele nicht eindringen lassen. Für die frühen Mönche war es die wichtigste Aufgabe, den inneren Frieden zu erringen. Das geschah auf zwei Weisen, einmal, indem sie den Raum der Seele schützten vor den Eindringlingen, vor den leidenschaftlichen Gedanken, die vom Menschen Besitz ergreifen möchten. Der zweite Weg bestand darin, dass man die Leidenschaften zwar eintreten ließ, aber mit ihnen verhandelte und sprach. Man wollte ihre Absicht erkunden und sich die Kraft, die in ihnen steckte, zunutze machen. Auf diese Weise wurden aus den Feinden Freunde. Die Leidenschaften dienten der Seele und ihrem inneren Frieden. Sie schützten sie, statt sie zu bekämpfen. Die Mönche machten sich vertraut mit den Leidenschaften und freundeten sich mit ihnen an. Auf diese Weise konnten sie ohne Angst leben. Und sie waren frei von den Projektionsmechanismen, durch die so viele Feindschaften entstehen. Weil sie die Leidenschaften in ihrem Herzen kannten, projizierten sie sie nicht mehr auf die anderen. Wer sich selbst nicht kennt, der entdeckt seine unbewussten Emotionen und Bedürfnisse in den anderen und bekämpft sie dort. So entsteht Feindschaft und Hass. Nur wer mit sich selbst im Frieden lebt, kann auch nach außen hin Frieden schaffen. Wer sich selbst hasst, der verbreitet auch um sich herum Hass. Und wer in sich gespalten ist, der spaltet auch die Menschen um sich herum.

## DER ENGEL DES FRIEDENS

Die Bibel weiß, dass der Mensch von sich aus nicht fähig ist zum Frieden mit sich selbst, mit der Schöpfung und mit den Menschen. Daher muss Gott selbst eingreifen. Er sendet seinen Sohn, Jesus Christus, den großen Friedensbringer. Lukas, der griechische Evangelist, verkündet Jesus als den, der, anders als der Friedenskaiser Augustus, der ganzen Welt Frieden bringt, ohne Waffen, allein durch seine Liebe. Als er geboren wurde, verkündeten Engel der Welt den Frieden auf Erden. Die Engel öffnen uns die Augen für den Frieden, den wir selber nicht schaffen. Aber die Engel sind nicht nur Künder des Friedens, sondern sie bringen uns auch den Frieden. Die Kunst hat auf Brücken und Plätzen oft Friedensengel dargestellt. Sie sollten die Stadt oder das Land schützen und ihnen den Frieden sichern. Ein Engel des Friedens ist aber nicht nur für das Land verantwortlich, sondern er kümmert sich auch um Deinen inneren Frieden. Er möchte Dich davor bewahren, einen „faulen" Frieden zu schließen, einen billigen Kompromiss. Der Engel des Friedens will Dir die Augen dafür öffnen, dass Frieden nur dort möglich ist, wo alle Beteiligten angemessen zu Wort kommen und ihre Bedürfnisse berücksichtigt werden. Ein Friede, der trägt, muss der Wahrheit Rechnung tragen. Und er kennt keine Sieger und Besiegten. Der Friedensengel möchte, dass Du mit Dir in Einklang kommst. Und er möchte für alle Menschen Frieden schaffen, einen Frieden, der zugleich Harmonie, Wohlklang, Wohlbefinden, Zufriedenheit, Freiheit, Liebe und Glück bedeutet.

Ich wünsche Dir, dass Du dem Engel des Friedens traust, dass Du Dich von ihm einladen lässt, mit den Feinden Deiner Seele ins Gespräch zu kommen, mit den Fremden und Unbekannten um Dich herum zu sprechen, damit Du einen Pakt schließen kannst, der trägt. Nur so kann Frieden entstehen, ein Raum der Liebe und der Freiheit, ein Raum, in dem Wohlstand und Wohlbefinden entstehen, in dem Du mit Dir und mit der ganzen Schöpfung in Einklang kommst, in der etwas von der Harmonie des Paradieses schon in Deiner Welt aufklingt.

# 2.

## Der Engel der Selbstbestimmung

KÜNSTLER haben die Engel oft als singend und auf Instrumenten spielend dargestellt. Sie sind ganz Stimme geworden. Sie stimmen ein in den gemeinsamen Lobgesang Gottes. Jeder Mensch hat seinen Engel. Und mit dem Engel hat er seine ureigenste Stimme. Der Engel der Selbstbestimmung möchte uns zuerst einmal lehren, dass jeder selbst seine Stimme hat. In der Stimme wird das Herz eines Menschen hörbar. Die Stimme kann man nicht verstellen. Sie offenbart, was in uns ist. Viele möchten sich mit ihrer Stimme den Stimmen anderer anpassen. Sie haben Angst, ihre Stimme ertönen zu lassen. Sie sei nicht so schön. Sie könne nicht mithalten im Chor der anderen Stimmen. Jede Stimme ist einmalig. Und wenn wir es wagen, unsere eigene Stimme klingen zu lassen, dann ist sie immer auch schön, weil sie etwas von Gott zum Klingen bringt, was nur durch uns in dieser Welt vernehmbar werden kann.

In der Heilung des Taubstummen (Mk 7, 31–37) zeigt Jesus, was das Geheimnis der Stimme ist. Er berührt die Zunge des Menschen, der verstummt ist, mit Speichel. Speichel ist Bild für die mütterliche Zuwendung. Wenn das Kind sich wehgetan hat, streicht die Mutter etwas Speichel darüber, um dem Kind zu vermitteln, dass schon alles gut sei. In einer Atmosphäre von Angst versagt mir die Stimme. Da schnürt mir die Angst die Kehle zu und ich kann nicht sprechen. Nur wo ich mich ganz und gar angenommen fühle, kann ich meine Stimme erheben. Jesus blickt zum Himmel empor. Er bringt damit zum Ausdruck, dass jedes Wort, das aus unserem Herzen erklingt, den Himmel über den Menschen öffnet. Er verweist auf die Stimme, die vom Himmel her ertönt und über jeden einzelnen Menschen das Wort bedingungsloser Liebe sagt: „Du bist mein geliebter Sohn. Du bist meine geliebte Tochter. An dir habe ich mein Gefallen." Und Jesus seufzt. Er öffnet sein Herz für den Taubstummen, damit er darin eintreten kann. Sein Seufzen weist darauf hin, dass wir uns in unserer Stimme immer für den anderen öffnen. Wir ermöglichen es ihm, dass er mit uns übereinstimmen kann, dass er einstimmen kann in unsere Stimme, dass wir gemeinsam einstimmen in das Lob Gottes.

Selbstbestimmung heißt, die eigene Stimme zu erheben, Sitz und Stimme zu haben, mit abstimmen zu können über das eigene Geschick, aber auch über die Fragen, die uns gemeinsam betreffen. Ich möchte selbst bestimmen, wie ich lebe und was ich tue. Bestimmen meint: mit der Stimme benennen und festsetzen, anordnen, befehlen. Ich ordne mein Leben selbst. Ich erhebe meine Stimme, um mich nicht den Stimmen anderer unterordnen zu müssen. Ich habe das Recht, selbst zu leben, statt von außen gelebt zu werden. Ich darf das Leben, das Gott mir geschenkt hat, selber formen und bilden. Aber zur Stimme gehört immer auch das Hören. Jesus heilt nicht nur die Zunge des Taubstummen, sondern auch seine Ohren, damit er richtig hört. Wer nicht zu hören vermag, kann auch seine Stimme nicht ausformen und „stimmig" erheben. Ich kann die Dinge nicht beliebig bestimmen. Meine Bestimmung muss mit der Realität übereinstimmen. Über mich selbst kann ich nur richtig bestimmen, wenn ich auf die Stimme Gottes höre, wenn ich übereinstimme mit dem einmaligen und einzigartigen Bild, das Gott sich von mir gemacht hat. Nur wenn ich auf die leisen Stimmen höre, die in meinem Herzen erklingen und in denen Gott selbst zu mir spricht, wird mein Leben „stimmig". Nur dann stimmt, wie ich mich selbst bestimme.

Ich wünsche Dir, dass der Engel der Selbstbestimmung Dich ermutigt, Deine eigene Stimme zu erheben, Deiner Stimme und ihrem einmaligen Klang zu trauen. Dein Engel, der Dich begleitet, will in Dir zur Stimme werden, damit durch Dich ein Wort in dieser Welt vernehmbar wird, das Gott nur in Dir aussprechen kann. In dem vielstimmigen Chor dieser Welt darf Deine Stimme nicht fehlen. Sonst wäre die Welt ärmer. Sonst würden die vielen Stimmen nicht so schön zusammenklingen. Dein Engel der Selbstbestimmung möge Dich bei allem, was Du tust, begleiten, damit Du sensibel dafür wirst, wo andere über Dich bestimmen und die Stimme Deines Herzens immer mehr verstummen lassen. Und er möge Dich immer wieder herausfordern, selbst über Dich zu bestimmen, Dein eigenes Leben zu leben, so wie Gott es Dir zugedacht hat. Der Engel stehe Dir zur Seite, damit Du selbst bestimmst, was für Dich stimmt, damit Dein Leben „stimmig" wird, damit es übereinstimmt mit der einmaligen Stimme Gottes, die nur durch Dich in dieser Welt erklingen möchte.

# 3.

## Der Engel der Entspannung

MENSCHEN, die in der Öffentlichkeit etwas zu sagen haben, geben sich oft verspannt. Man merkt ihnen ihr verkrampftes Lächeln an. Sie spiegeln etwas vor, was ihrem Inneren nicht entspricht. Viele Manager in den Firmen machen den Eindruck, dass ihr Bogen ständig gespannt ist. Immer sind sie auf dem Sprung, auf Ideen der Konkurrenz zu reagieren oder selbst neue Wege zu beschreiten. Auch im geistlichen Leben gibt es viel Verkrampfung. Da meditieren manche Menschen jeden Tag und erfüllen ihr spirituelles Trainingsprogramm. Aber ihr Rücken ist hart wie ein Brett. Ihre Muskeln sind verspannt. Man merkt ihnen an, dass ihr Gebet sie nicht in die Freiheit und in das Vertrauen führt, sondern dass sie nur beten, um sich gegen Gott abzusichern. Sie ziehen alle Muskeln zusammen, aus Angst, Gott könnte ihnen wirklich begegnen und sie aus der Fassung bringen.

Vielleicht kennst Du das auch, dass Du verspannt in eine Sitzung gehst. Du hast Angst, es könnten unangenehme Themen auf den Tisch kommen oder es könnte Streit geben. Du verkrampfst Dich, um Dich gegen die feindlichen Angriffe zu wappnen. Oder Du spannst Deinen Bogen, um Deine eigenen Geschosse gegen die Gegner abzuschießen. Auf jeden Fall bist Du ganz auf die anderen fixiert, auf die Probleme, auf die Konflikte, auf die Argumente der anderen. Du bist nicht bei Dir. Der Engel der Entspannung möchte Dich dazu einladen, die Spannung Deines Bogens zu lösen. Du brauchst nicht zu kämpfen. Du musst Dich nicht verteidigen oder rechtfertigen. Gehe einfach in die Sitzung, voller Vertrauen, dass

Dir der Engel der Entspannung beisteht. Er wird Dir im rechten Moment die Idee eingeben, die Du brauchst, und er wird Dich mit der Kraft wappnen, mit der Du dann für eine Sache kämpfen kannst. Aber Du brauchst Dich nicht die ganze Zeit zu verspannen und dadurch Deine Kraft zu vergeuden. Denn wenn Du Deine Muskeln ständig verkrampfst, nutzt Du sie ab.

Der Engel der Entspannung nimmt Dir die Last von der Schulter, die Du manchmal fühlst, wenn Du vor einer schwierigen Begegnung oder einem Konfliktgespräch stehst. Wenn Du verspannt in das Gespräch gehst, wird sich nur schwer etwas lösen lassen. Du bist fixiert auf den anderen, was er wohl denkt oder sich ausheckt. Begegnest Du dem anderen aber entspannt, dann wird das Gespräch gleich lockerer. Und auf einmal lassen sich die Probleme leicht lösen. Du fragst Dich, warum Du Dir soviel Sorgen gemacht hast. Entspannt hast Du eine bessere Ausstrahlung. Dann wird Dir vieles leichter von der Hand gehen.

Der Barock hat die Engel immer recht entspannt und vergnügt dargestellt. Sie strahlen eine fröhliche Sinnlichkeit aus und wirken frei von allem inneren Druck, dass sie vor Gott alles richtig machen müssen. Ich kenne Menschen, die sich auch in ihrem geistlichen Leben ständig unter Druck setzen, dass sie Gott zufrieden stellen und vor ihm keine Fehler machen. Diese Fixierung auf die Möglichkeit des eigenen Fehlverhaltens verkrampft sie. Die Engel in den Barockkirchen zeigen Dir eine andere Weise, vor Gott zu leben. Du darfst so sein, wie Du bist. Du sollst Deine Stirne nicht mit Grübeleien zerfurchen, ob Du alles richtig machst. Vielmehr sollst Du einfach vor Gott spielen. Der Engel der Entspannung gibt Dir das Vertrauen, dass Du vor Gott richtig bist. Und weil Du richtig bist, brauchst Du nicht alles richtig zu machen. Die Barockengel spielen aus dem Bauch heraus. Sie tun einfach, was ihnen Spaß macht. Sie atmen Freiheit. Sie spiegeln Erlöstsein wider. Der Engel der Entspannung lädt Dich ein, Deine ernste Miene zu lassen, Deine verkrampften Muskeln loszulassen, Dich selber fallen zu lassen und einfach dem zu trauen, was in Dir ist, das entspannt auszudrücken, was Dir Dein Gefühl eingibt. Dann erlebst Du vielleicht die gleiche Freiheit, die gleiche Lust am Leben wie die entspannten Engel in den Barockkirchen.

# 4.

## Der Engel der Weisheit

WENN WIR VON einem Menschen sagen, dass er weise sei, klingt immer etwas von Geheimnis mit. Der weise Mensch ist eingeweiht in tiefe Geheimnisse. Er glänzt nicht durch Vielwissen, sondern durch sein Gespür für das Eigentliche. Er blickt durch. Er kennt die letzten Urgründe des Lebens. Er weiß um die tieferen Zusammenhänge allen Seins. Er hat Einblick in das Geheimnis Gottes und des Menschen. Weisheit hat durchaus mit Wissen zu tun. Das deutsche Wort „wissen" kommt von „sehen", ähnlich wie die Griechen das Wissen mit dem Sehen in Zusammenhang gebracht haben. Der Weise hat gesehen, wie es um den Menschen steht. Er sieht tiefer. Er sieht das Eigentliche, das Wesen, die wahre Gestalt allen Seins. Weisheit kann man – so sagen die Griechen – lernen. Aber sie ist auch ein Geschenk von Gott. Sagen erzählen davon, dass die Weisheit ursprünglich im Besitz der Götter war. Athene und Apollon galten vor allem als Götter der Weisheit. Die Musen vermitteln die Weisheit den Dichtern. Die philosophische Richtung der Sophisten beansprucht die Weisheit für sich. Sie versteht Weisheit als geschicktes Reden. Die Sophisten sind die Vorläufer der heute so weit verbreiteten Haltung, die Wissen als Besitz versteht. Was ich weiß, darüber kann ich verfügen. Das Wissen kann ich abrufen. Es ist Macht. Dagegen protestiert Sokrates. Die wahre Weisheit ist für ihn zu wissen, dass man nichts weiß. Platon drückt es positiver aus. Für ihn besteht die Weisheit darin, den Urgrund aller Dinge zu sehen, das Wesen der Dinge zu erkennen. Der Weise erkennt das Sein selbst. Und das Sein ist für Platon das Gute und Schöne. Der Weise ist vertraut mit dem Guten und dem Schönen.

Weisheit heißt für Platon, die Dinge lassen zu können, das Sein zu bewundern, aber nicht in Besitz zu nehmen.

Im Lateinischen heißt Weisheit „sapientia". Und das kommt von „sapere = schmecken, kosten". Der Weise hat nicht nur in den Urgrund der Welt hineingesehen. Er hat auch viel geschmeckt. Er hat Erfahrungen gemacht. Er hat einen Geschmack für das Gute, für das, was dem Menschen nützt. Und er weiß um den Geschmack des Bösen, das den Menschen bitter macht und ihm Schaden zufügt. Weise ist der, der sich selbst schmecken kann, der im Einklang ist mit sich selbst. Er hat die Höhen und Tiefen des Menschseins erfahren und gekostet. Jetzt weiß er, was im Menschen steckt. Nichts Menschliches ist ihm mehr fremd. Aber obwohl der Weise auch in die Abgründe des Menschseins geschaut hat, ist er nicht resigniert. Er ist im Tiefsten einverstanden mit dieser Welt. Denn er hat den Grund der Welt erkannt, Gott, den Schöpfer allen Seins.

Die Bibel preist die Weisheit in wunderbaren Liedern. Das Alte Testament kennt eine eigene Weisheitsliteratur, so wie alle Religionen Weisheitslehren verkünden. Die tiefste Einsicht der jüdischen Weisen besteht in dem Satz: „Anfang der Weisheit ist die Gottesfurcht, die Kenntnis des Heiligen ist Einsicht" (Spr 9,10). Der Weise weiß um Gott, um die Erhabenheit und Heiligkeit Gottes. Er weiß zu unterscheiden zwischen Gott und Mensch. Er beugt sich vor dem Geheimnis Gottes. Er lässt sich davon betreffen. Paulus hat die wahre Weisheit im Kreuz Jesu Christi entdeckt. Am Kreuz hat Jesus die tiefste Erfahrung seines Lebens gemacht, dass der Tod in neues Leben verwandelt wird, dass die Dunkelheit zum Licht und die Verlassenheit zur Gemeinschaft mit dem göttlichen Vater wird. Schon die Evangelien schildern Jesus als den Weisen, der einführt in das Geheimnis Gottes und des Menschen. Am Kreuz hat Jesus geschmeckt, was Leben und Tod ist. So verkündet das Kreuz eine andere Weisheit als das Geheimwissen esoterischer Kreise, wie sie damals in Korinth verbreitet war und wie sie heute noch weit verbreitet ist.

Wir können die Weisheit nicht durch viel Lesen erwerben. Für Paulus ist es der Geist Gottes, der in die Weisheit einführt. Gott selbst sendet uns seinen Geist, damit wir die Weisheit lernen. Für die Griechen waren es Apollon oder Athene oder die Musen, die den Menschen Weisheit schenkten. Für uns ist es der Engel, den uns Gott schickt, damit er uns die Weisheit lehrt. Der Engel gibt uns nichts zum Auswendiglernen. Er will nicht unser Vielwissen mehren. Der Engel der Weisheit lehrt uns, indem er uns viel sehen lässt, indem er uns die Augen für das Eigentliche öffnet, indem er uns in den Urgrund der Welt schauen lässt, dorthin, wo alles zusammenhängt, wo alles in Gott selbst gründet.

So wünsche ich Dir, dass Dich der Engel der Weisheit begleitet, dass er Dir die Augen öffnet, damit Du Dich bei dem Vielerlei, das Du siehst, nicht verirrst und verwirrst, sondern das erkennst, worauf es eigentlich ankommt. Der Engel der Weisheit wird Dich nicht vor Fehlern bewahren. Er erzieht durch Versuch und Irrtum, um Dir den Geschmack zu vermitteln für das, was Dir wirklich gut tut. Aber den Geschmack des Lebens wirst Du nur erkennen, wenn Du ihn vom Geschmack des Todes unterscheiden kannst. Ich wünsche Dir den Engel, der Dich weise werden lässt, der Dich einverstanden sein lässt mit dem Leben, der Dir die Augen öffnet für den Grund allen Seins, für die Liebe Gottes. Dort, in Gottes Liebe, kannst Du Dein Leben bejahen mit all seinen Widersprüchen. Dort wird alles eins, was Dich sonst zu zerreißen droht. Dort schmeckst Du, was Leben heißt, dort siehst Du, was eigentlich ist, dort weißt Du, wie alles zusammenhängt.

# 5.

## Der Engel der Selbsterkenntnis

**AM TEMPEL** in Delphi stand das Wort, das das gesamte abendländische Denken geprägt hat: „Gnothi seauton = Erkenne dich selbst". Der Anfang aller griechischen Weisheit besteht in der Selbsterkenntnis. Das griechische Wort „gignoskein" meint ein Sehen. Ich soll mich also richtig sehen, so sehen, wie ich wirklich bin. Dazu muss ich mich befreien von den Illusionen, die ich von mir habe. Oft habe ich eine Brille auf, mit der ich nur sehr gefärbt sehe. Manche tragen eine rosarote Brille, mit der sie alles Negative übersehen und in sich nur das Heile und Gute sehen. Andere schauen durch eine schwarze Brille. Sie sehen alles schwarz. Sie entwerten sich und machen sich vor allen schlecht. Unser aller Brille ist gefärbt durch unsere Lebensgeschichte mit ihren Verletzungen und Wunden. Und sie ist gefärbt durch unsere Wünsche und Bedürfnisse. Wir sehen in uns nur, was wir sehen wollen. Da brauchen wir den Engel der Selbsterkenntnis, der uns unsere Brillengläser immer wieder putzt, damit wir klar sehen, was wirklich in uns ist und wer wir in Wahrheit sind.

Das deutsche Wort „erkennen" heißt ursprünglich: „innewerden, geistig erfassen, sich erinnern". Ich erkenne mich selbst, indem ich meiner selbst innewerde, indem ich in mich hineingehe und den innersten Kern entdecke. Erkennen hat etwas damit zu tun, dass ich mit meinem Innern in Berührung bin, dass ich nicht nur meine äußere Gestalt wahrnehme, sondern das innerste Selbst, das, was mein wahres Wesen ausmacht. Dieses Innewerden hat mit dem Geist zu tun. Ich kann meinen Kern nicht mit den Händen ertasten.

Es braucht den Geist, der des eigentlichen Selbst innewird, der in das Selbst eintaucht, um es zu erfassen und zu verstehen. Sich selbst erkennen heißt, mich immer wieder zu „erinnern", nach innen zu gehen, in Berührung zu kommen mit mir selbst, mit dem ursprünglichen Bild, das Gott sich von mir gemacht hat. Das Selbst ist nicht etwas, das durch meine Lebensgeschichte entstanden ist. Es ist vielmehr etwas Ursprüngliches, das unverfälschte Bild, das Gott sich von mir gemacht hat.

Es gibt im Deutschen die Redewendung „eine Frau erkennen". Damit übersetzt man den hebräischen Ausdruck der Bibel für den Geschlechtsverkehr. Auch hier wird deutlich, dass Selbsterkenntnis nicht im vielen Wissen über mich besteht, sondern darin, dass ich mit mir selbst eins werde, dass ich mit meinem wahren Selbst verschmelze, so wie Mann und Frau im sexuellen Akt miteinander verschmelzen und sich darin in ihrem tiefsten Sein erkennen. Ich kann mich selbst nur dann erkennen, wenn ich bereit bin, mich auf mein eigentliches Selbst einzulassen. Ich kann es nicht von außen betrachten. Ich muss eindringen in meinen Kern, dort wohnen, mit ihm in Berührung sein.

Für die Mönche war die Selbsterkenntnis die Vorbedingung, Gott zu erkennen. Selbsterkenntnis heißt für sie, die Gedanken und Gefühle, die Leidenschaften und Emotionen, die Bedürfnisse und Wünsche zu beobachten, die ständig in uns auftauchen und uns oft genug bestimmen. Nur wenn ich mich richtig sehe, werde ich die anderen erkennen können. Ohne ehrliche Selbsterkenntnis werde ich alles, was ich bei mir verdränge, auf die anderen projizieren. Ich werde meine unterdrückte Wut im anderen sehen, statt sie bei mir selbst zu erkennen. Selbsterkenntnis ist schmerzlich. Sie reißt uns die Maske vom Gesicht. Sie lässt uns in die Abgründe unserer Seele schauen, gerade auch in den Bereich des Unbewussten. Es ist verständlich, dass viele Menschen den Weg der Selbsterkenntnis scheuen. Er birgt für sie zu viele Gefahren in sich. Da braucht es den Engel der Selbsterkenntnis, der uns Mut macht, in die Tiefen unserer Seele hinabzusteigen und alles in uns wahrzunehmen, was sich unserem geistigen Blick darbietet. Der Engel befreit uns von der Angst vor den Dunkelheiten unserer Seele. Er nimmt uns an der Hand und geht mit uns. Er zeigt uns alles, was da in unserer Seele verborgen ist. Aber er bewertet es nicht. Er sagt uns zugleich: „Das bist Du. Aber Du darfst auch so sein. Halte alles, was Du siehst, in das Licht und in die Liebe Gottes. Dann wird es verwandelt. Dann wird Deine Selbsterkenntnis Dir die Angst vor Dir selber nehmen. Und sie wird Dich bescheiden machen, dass Du auch die Menschen um Dich herum akzeptieren kannst, ohne sie zu verurteilen." Ein Mönchsvater wurde einmal von einem jungen Mönch gefragt, warum er ständig über andere urteile. Der Altvater sagte: „Weil Du Dich selbst nicht kennst. Wer sich selbst kennt, der urteilt nicht über andere." Wie der junge Mönch den Altvater, so brauchst Du den Engel, der Dich behutsam zur Selbsterkenntnis führt. Dann wirst Du weder Dich noch einen anderen Menschen verurteilen.

# 6.

# Der Engel des Vergessens

„VERGESSEN" ist ein schillerndes Wort. Wenn ein Mensch vergesslich ist und alles vergisst, was wir ihm aufgetragen haben, dann ärgert uns das. Wir können uns nicht auf ihn verlassen. Er vergisst alles. Manchmal kann das Vergessen auch die einzige Möglichkeit sein, sich gegen zu hohe Anforderungen zu wehren. Man vergisst einfach, was der Vorgesetzte oder was der Ehepartner von einem will. Vergessen in diesem Sinn heißt: „aus dem geistigen Besitz verlieren, etwas nicht zu fassen bekommen". Aber wenn einer die Verletzungen vergessen kann, die wir ihm angetan haben, dann sind wir froh darüber. Dann haben wir das Gefühl, der andere ist nicht nachtragend. Wir können mit ihm immer wieder von neuem anfangen. Das Alte belastet unsere Beziehung nicht. Diese zweite Bedeutung hat auch schon die Sprache im Mittelalter gewusst. Da sprach man von „ergötzen" und meinte eigentlich: „vergessen machen, entschädigen, vergüten". Wenn ich die Schuld vergessen mache, kann ich mich erholen und erfreuen. Vergessen wird also zur Ursache von Erholung und Freude. Die alte Last drückt uns nicht mehr. Wir können sie abschütteln und vergessen. Vergessen schafft Ergötzen.

Der Engel des Vergessens möchte uns sicher nicht dazu ermuntern, die Namen unserer Freunde zu vergessen oder die Aufträge zu vergessen, die wir angenommen haben. Der Engel möchte uns vielmehr einführen in das Vergessen, das zum Ergötzen und zur Freude führt. Der Engel will uns anleiten, das Unrecht zu vergessen, das andere uns angetan haben. Wer immer wieder auf die Verletzungen zurückkommt, die andere ihm zugefügt haben, der gibt den anderen viel Macht. Er lässt sich weiterhin bestimmen von den Kränkungen. Die verletzenden Worte werden seine Seele verwunden. Sie setzen sich in seiner Seele fest und zerfressen sie allmählich. Da braucht es den Engel des Vergessens, der die Seele vor solchen Verletzungen schützt. Vergessen heißt, das Unrecht, das der andere mir getan hat, loszulassen. Aber loslassen kann ich nur, was ich angenommen habe, womit ich mich ausgesöhnt habe. Ich darf nicht zu schnell vergessen. Sonst würde ich die Kränkungen verdrängen. Ich muss zuerst die Wut zulassen. Aber dann wäre es wichtig, das Vergangene vergangen sein zu lassen und es zu vergeben und zu vergessen. In diesem Sinn ist Vergessen die Höchstform von Vergeben. Der Engel des Vergessens befähigt mich dazu, das Vergangene zu begraben und es ruhen zu lassen. Aber wie verhält sich der Engel der Erinnerung zum Engel des Vergessens? Kämpfen sie gegeneinander? Wenn ich Unrecht vergeben und vergessen habe, dann kann ich mich an das Vergangene erinnern, ohne dass der Groll oder die Bitterkeit wieder hochkommen. Die Erinnerung ist frei von emotionaler Erregung. Meine Seele wird durch die Erinnerung nicht befleckt, sondern nach innen geführt, zu ihrem innersten Kern.

Das eigentliche Ziel des Vergessens besteht darin, sich selbst zu vergessen. Es ist eine große Gnade, sich selber annehmen zu können. Aber die Gnade aller Gnaden besteht darin, sich selbst vergessen zu können. Ich kenne Menschen, die ständig um sich kreisen. Wenn sie im Urlaub sind, können sie sich nicht auf die Schönheit der Landschaft einlassen, weil sie sich fragen, ob sie den richtigen Urlaub gebucht haben, ob es wohl dort, wo sie sonst hin wollten, besseres Wetter gebe. Wenn sie einem Menschen begegnen, überlegen sie, was er von ihnen denkt. So sind sie blockiert, sich wirklich auf ihn einzulassen. Wenn sie beten, fragen sie sich, was es ihnen bringt. Bei allem, was sie tun, steht ihnen ihr Ego im Weg.

Andere stehen unter dem Zwang, sich ständig kontrollieren zu müssen. Sie können sich nicht wirklich freuen, weil sie Angst haben, sie könnten sich nicht richtig benehmen, andere könnten etwas an ihnen kritisieren. So sind sie in ihrem Kontrollzwang eingeschlossen und dadurch ausgeschlossen vom Leben. Sich selbst zu vergessen ist die Kunst, wirklich präsent zu sein, ganz im Augenblick zu sein, sich ganz auf das einzulassen, was gerade ist. Nur wenn ich mich selbst vergesse, bin ich wirklich da. Nur wenn ich aufhöre, ständig an mich und meine Wirkung nach außen zu denken, kann ich mich auf eine Begegnung und auf ein Gespräch einlassen. Dann kann ich genießen, was da zwischen uns entsteht.

Ich wünsche Dir den Engel des Vergessens, der Dich befreit von Dir selbst, der Dir die Sucht nimmt, alles auf Dich zu beziehen, bei allem fragen zu müssen, was es Dir bringt. Der Engel des Vergessens möchte Dich in die wahre Freiheit führen, in die Freiheit von den Fesseln des eigenen Ego. Wenn der Engel Dich die Kunst des Vergessens lehrt, dann wirst Du spüren, wie intensiv Du alles wahrnimmst, was um Dich herum ist, wie Du auf einmal fähig wirst, zu genießen und den Augenblick auszukosten, das Leben selbst zu schmecken, ganz im Schmecken zu sein und so den Reichtum des Seins zu erahnen. Der Engel des Vergessens wird Deine Seele an ihre eigentliche Bestimmung führen, dass sie sich selbst übersteigt in Gott hinein, dass sie sich selbst vergisst, um in Gott aufzugehen.

# 7.
# Der Engel der Tapferkeit

DIE TAPFERKEIT gehört zu den vier Kardinaltugenden. Ursprünglich war sie die Tugend des Soldaten. Doch die Philosophen sahen in ihr eine Haltung, die jeder Mensch braucht, um sein Leben authentisch leben zu können. Tapferkeit meint nicht nur die Unerschrockenheit gegenüber Gefahren und nicht nur Durchsetzungskraft, sondern vor allem den Mut, das, was man als richtig erkannt hat, auch konsequent zu befolgen. Der Tapfere lässt sich nicht von Konflikten sofort umstimmen. Er passt sich nicht dem Trend an, damit er bei allen beliebt ist. Er steht zu sich, auch wenn andere gegen ihn aufstehen. Das deutsche Wort „tapfer" meint ursprünglich „fest, schwer, gewichtig, streitbar, kühn, herzhaft". Der Tapfere ist kein Draufgänger. Er ist kühn. Kühn kommt eigentlich von „wissen" und „weise". So verlangt die Tapferkeit, die Situation richtig einzuschätzen und dann kühn das zu tun, was man als richtig erkannt hat. Tapferkeit ist etwas anderes als Mut. Mut hat man, Tapferkeit erwirbt man. Mut ist etwas Aktives. Tapferkeit zeigt sich gerade auch im Passiven, im Erdulden von Schmerzen. Das Gegenteil von Mut ist Mutlosigkeit, das von Tapferkeit Feigheit. Tapferkeit muss immer wieder neu erworben werden. Denn jeder von uns kennt auch die Feigheit. In uns allen steckt die Tendenz, der Angst nachzugeben und vor der Gefahr zurückzuweichen. Der Engel der Tapferkeit steht uns bei, wenn wir unsere natürliche Neigung überwinden und dort standhalten, wo wir gerade gefordert werden.

Im Sprachgebrauch sagen wir zu einem Kind, das im Krankenhaus nicht über seine Schmerzen klagt, es sei tapfer. Tapfer ist der, der keine Angst vor dem Schmerz hat, der ihn vielmehr annimmt und so gut wie möglich zu bestehen sucht. Tapfer ist einer, der sich nicht gehen lässt, wenn ihn ein Unglück trifft. Er bleibt stehen. Er steht die Situation durch, auch wenn sie ihm wehtut. Er weicht vor dem Schmerz nicht aus, sondern geht durch ihn hindurch. Er zerbricht nicht am Schmerz und an der Trauer. Aber er macht sich auch nicht unempfindlich. Er sieht den Verlust eines lieben Menschen, er erkennt klar, dass seine Krankheit zum Tode führt. Aber er bleibt dennoch stehen. Er hält dem stand, was Gott ihm da zumutet. Und in dieser Tapferkeit wächst der Mensch. Er wird weise und stark. Du brauchst Dir Deine Tapferkeit nicht zu beweisen. Du musst auch nicht in jeder Situation tapfer sein. Es gibt Menschen, die strotzen vor Selbstbewusstsein, die aber dann doch in der Gefahr den Kopf verlieren und sich als Schwächlinge erweisen. Andere sind ängstlich. Aber sie halten aus, sobald die Herausforderung sie trifft. Sie werden tapfer mit der Situation, in die sie sich von Gott gestellt wissen. Sie vertrauen darauf, dass gerade dann, wenn sie es brauchen, der Engel der Tapferkeit sie stärkt und ihnen beisteht.

Ich wünsche Dir den Engel der Tapferkeit, damit Du Dein Leben wirklich bestehen kannst, dass Du nicht ausweichst, wenn Dir der Gegenwind um die Ohren bläst, dass Du nicht fliehst, wenn Dich ein Unglück trifft. Und ich wünsche Dir Tapferkeit im Umgang mit den alltäglichen Konflikten, dass Du frei bist von dem Zwang, Dich überall beliebt zu machen. Der Engel der Tapferkeit möge Dir beistehen, wenn Du in Gefahr bist, umzufallen vor der Meinung der anderen, wenn Du am liebsten den Kampf aufgeben möchtest um des lieben Friedens willen. Wenn der Engel der Tapferkeit bei Dir ist, werden Lösungen möglich, die am Ende für alle gut sind. Der Tapfere meidet jeden faulen Kompromiss. Er tritt für das Leben ein. Er kämpft für das Leben. Der Engel der Tapferkeit kämpft an seiner Seite. Ich wünsche Dir nicht nur den Engel der Tapferkeit vor dem

Feind, sondern auch vor dem Freund. Der Engel möge Dich davor bewahren, Dich bestechen zu lassen und Dich anzupassen, um den Freund nicht zu verlieren. Der Engel der Tapferkeit widersteht auch dem Freund dort, wo es nötig ist. Das festigt die Freundschaft, statt sie zu zerstören.

# 8.

## Der Engel des Gehorsams

**MIT DEM ENGEL** des Gehorsams tun sich heute viele schwer. Zu sehr hat das Dritte Reich den Gehorsam ad absurdum geführt. Da wurde der Befehl von Menschen absolut genommen. Wir sind aber nicht in erster Linie Menschen Gehorsam schuldig, sondern Gott. Schon Petrus sagt zu den Hohen Priestern: „Man muss Gott mehr gehorchen als den Menschen" (Apg 5, 29). Gehorchen kommt von horchen, hören, aufmerksam zuhören. Gehorsam verlangt, dass ich auf Gottes Stimme in mir selbst höre. Gott spricht zu mir in meinen Gefühlen und Leidenschaften, in meinen Konflikten und Problemen, in meinen Träumen, in meinem Leib und in meinen Beziehungen. Da muss mir der Engel des Gehorsams zu Hilfe kommen, damit ich Gottes Stimme in meinen Träumen vernehme. Aber es genügt nicht, auf den Traum nur zu hören. Ich muss auch auf Gottes Stimme antworten und gehorsam das tun, was ich als Gottes Stimme erkannt habe. Oder was will Gott mir in meinen Krankheiten sagen, in meinen Rückenschmerzen, in meinen Magengeschwüren, in meinem Kopfweh? Gehorsam heißt, dass ich nicht nur einfach zuhöre, sondern auch die Konsequenzen daraus ziehe. In der Krankheit fordert mich Gott auf, meinen Lebensstil zu ändern, besser auf meinen Leib und meine Gefühle zu hören und im Einklang mit der inneren Stimme zu leben. Es gibt Menschen, die zwar auf die Autorität der Kirche hören und alles peinlich genau befolgen, was die Kirche vorschreibt. Dennoch sind sie nicht gehorsam. Denn sie weigern sich, auf Gottes Stimme in ihrer eigenen Wirklichkeit zu hören und ein Leben zu führen, das ihrem eigentlichen Wesen entspricht.

Gehorsam hat nichts damit zu tun, dass ich Gebote befolge. Ich kann nicht auf ein Gebot horchen, sondern immer nur auf eine Person. Und die eigentliche Person, der ich Gehorsam schulde, ist Gott. Aber mit Gott schulde ich auch mir selbst Gehorsam. Ich muss auf mich hören, auf meine Lebensgeschichte, auf meine Stärken und Schwächen, damit ich das Bild lebe, das Gott sich von mir gemacht hat. Gehorsam heißt, dass ich in Übereinstimmung mit meiner eigenen Wahrheit lebe, dass ich nicht in ständiger Opposition zu meiner Wirklichkeit stehe, sondern mich aussöhne mit mir, so wie ich geworden bin. Gehorsam heißt daher, Ja sagen zu mir selbst, mich selbst und die Wirklichkeit meines Lebens annehmen.

Wir definieren Gehorsam meistens als Hören auf andere Menschen, gerade auf Autoritätspersonen. Aber der Gehorsam anderen gegenüber ist letztlich nur ein Hören auf die Gemeinschaft, in der ich stehe. Ich bin nicht allein auf der Welt. Um authentisch leben zu können, muss ich auch auf die Menschen hören, die um mich herum sind. Es geht nicht darum, mich nach allem zu richten, was ich da höre. Entscheidend ist, dass ich auf die höre, die für die Gemeinschaft Verantwortung tragen. Aber auch ihnen schulde ich nicht einfach blinden Gehorsam. Ich muss vielmehr auch bei ihnen genau hinhören, ob das, was sie sagen, wirklich der Gemeinschaft dient oder ob sie nur ihre Eigeninteressen verfolgen. Eine Autorität ist nie absolut. Nur Gott ist absolut. Ich darf jede Autorität hinterfragen. Aber ich muss zugleich damit rechnen, dass Gott mir gerade auch in den Verantwortlichen etwas Wichtiges zu sagen hat. Sie können mir etwas aufdecken, was ich bei mir selbst überhört habe.

Der Engel des Gehorsams möge Dich befähigen, gut auf Dich selbst zu hören und in Dir Gottes Stimme zu erhorchen, damit Du so leben kannst, wie es Deinem wahren Wesen entspricht. Der Engel des Gehorsams möchte Dich befreien von der Abhängigkeit von

Lust und Laune. Du sollst Dich nicht einfach treiben lassen, sondern genau hinhören, was für Dich stimmt und wie Du handeln und leben sollst. Dazu brauchst Du den Engel, der Deine Ohren schärft und der Deinen Willen dafür bereitet, das zu tun, was die Ohren Deines Herzens gehört haben.

# 9.

# Der Engel der Besonnenheit

**BESONNENHEIT** kommt von „sinnen". Sinnen meint ursprünglich: „gehen, reisen, streben, begehren". Die Germanen haben offensichtlich die Erfahrung gemacht, dass sie durch Reisen und Wanderungen Besonnenheit lernen. Da muss man das richtige Augenmaß haben, um sich nicht zu überfordern. Erst unter dem Einfluss des lateinischen „sentire" bekommt das Wort „sinnen" die Bedeutung von „fühlen, die Gedanken auf etwas richten, nachdenken". Besonnen ist der, der sich besinnt, der mit seinen Sinnen denkt und nicht nur mit dem Kopf. Das griechische Wort, das wir mit Besonnenheit übersetzen, „sophrosyne", meint, dass einer gesunde Sinne hat (saos und phrenes). Besonnen ist also einer, der in seinen Sinnen ist, der alles um ihn herum mit seinen Sinnen wahrnimmt. Bei den Griechen kann die Besonnenheit im Sinne von Mäßigung und Selbstbeherrschung, von kluger Zurückhaltung, von Keuschheit, von Zucht und von Weisheit gebraucht werden. „Sophrosyne" ist ein zentraler Begriff der griechischen Tugendlehre. Platon nennt sie als erste der vier Kardinaltugenden.

Besonnenheit ist das Gegenteil von Unbesonnenheit und Leichtsinn. Unbesonnen ist der Mensch, der gleich beim ersten Impuls handelt, ohne sich Zeit zur Besinnung zu nehmen. Leichtsinnig ist einer, der sich treiben lässt, der sich keine Sorgen und Gedanken macht. Für den deutschen Philosophen Herder ist die Besonnenheit das entscheidende Merkmal, das den Menschen zum Menschen macht. Besonnenheit besteht in der Fähigkeit, zwischen dem Reiz und der Antwort einen Augenblick innezuhalten. Die Pause zwischen dem Impuls und der Handlung gibt uns den Raum, uns zu besinnen. Und die Besinnung führt zu einer freien Entscheidung. Sonst würden wir vom Impuls bestimmt. Der Engel der Besonnenheit lädt Dich immer dann, wenn Du sofort reagieren möchtest, zur Besinnung ein. Er bewahrt Dich davor, die Besinnung zu verlieren und besinnungslos herumzutoben. Er hebt den Finger und erinnert Dich daran, erst einmal ruhig durchzuatmen, damit Du Dich selbst wieder spürst, damit Du Deine Sinne wahrnimmst, Deine äußeren Sinne wie das Hören und Riechen, aber auch Deine inneren Sinne. Der Engel möchte Dich dazu ermutigen, Deinen Sinnen zu trauen. Wenn Du richtig hinhörst, wirst Du nicht nur die Worte hören, die Dich provozieren, sondern auch die Zwischentöne, die mitschwingen, die Sehnsucht und den Schrei nach Zuwendung. Dann wirst Du anders reagieren. Wenn Du die kritischen Worte sofort auf Dich beziehst und Dich rechtfertigen und verteidigen möchtest, dann hast Du schon verloren. Dann hörst Du nicht richtig. Du bist nicht besonnen. Du bist nicht in Deinen Sinnen, sondern nur in Deinen Emotionen. Und dann bestimmt der andere Dich. In Deinen Sinnen sein heißt auch, wirklich hinschauen, was Du siehst. Vielleicht siehst Du hinter der fröhlichen Fassade die tiefe Traurigkeit. Oder Du siehst ein Lächeln, obwohl der andere von seinen Enttäuschungen und Verletzungen erzählt. Was Du siehst, gibt Dir die Möglichkeit, angemessen zu reagieren.

Besonnen sein heißt auch: auf die inneren Sinne hören. Du kommst in eine Gesprächsrunde und fühlst Dich unwohl. Du begegnest einem Menschen, der Dir Komplimente macht. Aber Du hast ein ungutes Gefühl. Der andere schlägt Dir ein Geschäft vor, das sehr vernünftig klingt. Aber in Deinem Magen spürst Du, dass da etwas nicht stimmen kann. Dann vertrau Deinem inneren Sinn. Setze Dich nicht unter Druck, dass Du Dich dem anderen mit Argumenten erklären musst. Du musst gar nichts erklären und gar nichts rechtfertigen. Trau Deinem inneren Sinn. Dort in Deinem Innern ist der Engel der Besonnenheit. Er zeigt Dir genau, was für Dich richtig ist. Dein Gefühl sagt Dir mehr als die Argumente des Verstandes, die nie ganz objektiv sind, die immer schon vermischt sind von Ehrgeiz, Glänzenwollen, Beweisenwollen, Rechthabenwollen. Dort, wo der Engel der Besonnenheit in Dir ist, dort kannst Du besser spüren, was für Dich stimmt. Aber Du musst auch auf den Engel hören. Du brauchst Besinnung, um besonnen sein zu können. Wenn Du auf den Engel der Besonnenheit in Dir Acht gibst, dann wird er Dich immer auf dem rechten Weg führen. Er wird Dich davor bewahren, in Fallen zu tappen, die Dir andere stellen. Er wird Dir die richtige Entscheidung eingeben. Im Engel der Besonnenheit hast Du einen klaren und sicheren Begleiter. Er wird darauf achten, dass Dein Leben gelingt, dass die Tugend der Besonnenheit Dich tauglich macht für das Leben.

# 10.

## Der Engel der Diskretion

**DISKRETION** sprechen wir einem Menschen zu, wenn er etwas für sich behalten kann, was wir ihm anvertraut haben. Er hält sich zurück. Er plappert nicht aus, was wir ihm im Vertrauen gesagt haben. Solche Diskretion hat etwas Vornehmes. Wir fühlen uns bei einem diskreten Menschen sicher. Er wird uns auch keine unangenehmen Fragen stellen. Er wird uns vor anderen nie bloßstellen. Der indiskrete Mensch ist taktlos und zudringlich. Er dringt in Bereiche in uns vor, die ihm nicht zustehen. Wir schätzen bei unseren Freunden die Diskretion. Wir wissen, bei ihnen ist der innere Raum, in den wir niemanden eindringen lassen möchten, auch sicher. Sie werden nicht unnötig bohren. Und wenn wir eine Andeutung machen, dass wir darüber nicht sprechen möchten, dann werden sie es respektieren.

In jedem von uns ist so ein Drang, das, was uns anvertraut wurde, wenigstens dem besten Freund zu sagen. Oder wir sagen es einigen weiter unter dem Siegel der Verschwiegenheit. Doch das Siegel der Verschwiegenheit ist das brüchigste, das man sich denken kann. Denn wenn ich etwas unter diesem Siegel weitererzähle, habe ich ja schon das Siegel gebrochen. Daher müssen wir den Engel der Diskretion bitten, dass er uns davor bewahre, auszuplaudern, was andere uns erzählt haben. Sonst wissen wir irgendwann nicht mehr, wer uns was erzählt hat und unter welchen Umständen. Ein Dialog muss bei den beiden Dialogpartnern bleiben, sonst wird es eine Talkshow. Dialog braucht den Schutz, dass die Worte unter uns bleiben. Nur dann kann er gelingen.

Sonst müssen wir ständig Angst haben, dass der andere weitererzählt, was wir ihm im Verborgenen sagen.

Diskretion kommt eigentlich von discernere, und das heißt: unterscheiden. Für den hl. Benedikt und für die frühen Mönche war daher Diskretion die Gabe der Unterscheidung und die Gabe des rechten Maßes. Der Engel der Diskretion möchte uns daher einführen in die Kunst, die Geister zu unterscheiden, ob sie aus Gott kommen oder vom Bösen. Die frühen Mönche haben Kriterien entwickelt, um zu unterscheiden, ob ein Gedanke aus Gott kommt oder von einem Dämon. Immer wenn ein Gedanke von Gott kommt, bewirkt er inneren Frieden und stärkt die eigene Lebendigkeit. Wenn ein Gedanke aber von den Dämonen kommt, dann erzeugt er in uns Angst und Enge und lähmt uns. Aber es gilt nicht nur, die eigenen Gedanken zu unterscheiden. Der Engel der Diskretion möchte uns auch sensibel machen, damit wir unterscheiden können, was jetzt notwendig ist und was nur die Erwartungen irgendwelcher Menschen erfüllt. Was ist jetzt Gottes Wille und was ist mein eigener Ehrgeiz? Wo ist ein innerer Impuls von Gott, und wo wird er mir nur von meinem strengen Über-Ich eingegeben? Ist meine Reaktion auf diesen oder jenen Menschen angemessen, oder entspricht sie nur meinen alten Lebensmustern? Wir brauchen den Engel der Diskretion immer wieder, um zu spüren, was jetzt im Augenblick angemessen ist. Er zeigt uns, wo wir den anderen richtig wahrnehmen und wo wir ihn nur durch die Brille unserer Projektionen sehen.

Ich wünsche Dir, dass Dir der Engel der Diskretion immer beisteht, damit Du angemessen reagierst, redest und Dich so entscheidest, dass daraus Lebendigkeit und Freude entspringen. Und ich wünsche Dir den Engel der Diskretion bei allen Gesprächen. Er befähigt Dich, Dich ganz auf Deinen Gesprächspartner einzulassen, ohne Dein Wissen einfließen zu lassen, das Du von anderen über ihn erhalten hast. Der Engel der Diskretion wird Dir viele Menschen zuführen, die Dir Vertrauen schenken. Denn in uns allen steckt die Sehnsucht nach diskreten Menschen, nach Menschen, die unterscheiden können, was sie uns sagen und was nicht.

# 11.

## Der Engel des Schweigens

„REDEN IST SILBER, Schweigen ist Gold", so sagt ein Sprichwort. Vielleicht hast Du es auch schon erlebt, dass Du schweigen konntest, wenn jemand Dir unrecht getan hat. Natürlich gibt es auch ein Schweigen, das nicht vom Engel des Schweigens kommt. Wenn Du schweigst, obwohl Du reden müsstest, dann kannst Du damit Menschen verletzen. Oder wenn Du in einer Gruppe schweigst, kannst Du Macht ausüben. Die anderen wissen nicht, wo sie dran sind. Es gibt ein drückendes Schweigen, wenn keiner in der Gruppe etwas sagt. Dann entsteht eine eisige Atmosphäre, der jeder am liebsten entfliehen möchte. Manche sagen dann etwas Belangloses, um diesem dumpfen Schweigen zu entgehen. Manche verschweigen im Gespräch das Wichtigste. Man hat den Eindruck, über vieles gesprochen zu haben. Aber das Eigentliche ist nicht angesprochen worden. Es gibt offensichtlich nicht nur einen Engel des Schweigens, sondern auch einen Dämon, der uns durch Schweigen innerlich bedrückt und uns voneinander trennt. Elie Wiesel hat diese doppelte Erfahrung des Schweigens im Auge, wenn er schreibt: „Schweigen ist friedlich, voller Wohllaut, voller Verheißungen, voller Träume und voller Wahrheit. Aber ebenso sehr kann es Angst oder sogar Zorn hervorrufen."

Der Engel des Schweigens möchte Dich in das Schweigen einführen, das heilt, das Dir gut tut, das auch für die Menschen um Dich herum zur Wohltat wird. Da ist das Schweigen über das, was Dir anvertraut wurde. Wenn Du verschwiegen bist, dann erzählen Dir Leute gerne ihre Probleme. Sie können sich auf Dich verlassen, dass Du nichts weitererzählst. Oder Du hast Dich über jemanden geärgert. Aber Du weißt, dass Dein Sprechen ungerecht wäre. Denn der andere hat auch den Ärger in Dir hochgespült, der noch von anderen in Dir war. Du schweigst, damit sich Deine aufgewühlten Emotionen beruhigen können. Erst wenn sich alles Trübe in Dir gesetzt hat, fängst Du an zu sprechen. Dein Sprechen kommt aus dem Schweigen und ist durch das Schweigen geläutert. Du kennst vielleicht auch Leute, die alles, was ihnen in den Kopf kommt, auch herausplappern müssen. Sie sind sehr anstrengend. Sie können nichts für sich behalten. Sie können keinen Augenblick still sein. Offensichtlich haben sie Angst vor dem Schweigen. Da kann dann auch nichts in ihnen wachsen. Sie kommen nicht in ihre Mitte, sie spüren ihre Seele nicht. Sie leben nur an der Oberfläche des Geschwätzes. Wenn Du mit solchen Menschen zusammentriffst, dann freust Du Dich auf Zeiten des Schweigens, in denen Du mit niemandem reden musst. Du genießt das Schweigen. Niemand will etwas von Dir. Du kannst einfach nur sein, im Schweigen hineinhorchen auf das, was in Dir hochkommen möchte.

Im Mönchtum hat das Schweigen drei Bedeutungen. Zum einen ist es ein Weg zur ehrlichen Selbstbegegnung. Im Schweigen taucht alles in mir auf, was ich sonst im Lärm des Alltags übergehe. Dieser erste Aspekt des Schweigens ist nicht immer angenehm. Der zweite Schritt des Schweigens ist das Loslassen. Wenn ich immer wieder über etwas spreche, wühle ich die Emotionen von neuem auf. Es gibt Menschen, die ständig über vergangene Verletzungen sprechen. Man kann ihnen kaum mehr zuhören. Denn das hat man alles schon oft gehört. Da ist das Loslassen wichtig. Im Schweigen – so sagen die Mönche – kann sich das Trübe klären, so wie beim Wein, der lange lagern muss, damit sich alles Trübe setzt. Die dritte Bedeutung des Schweigens ist für die Mönche das Einswerden mit Gott. Die Mönche üben das Schweigen, um ihre Seele für Gott zu öffnen, damit Gott darin einziehen kann. Dabei gibt es zwei Weisen, vor Gott zu schweigen. Ich sitze einfach vor Gott und genieße es, von ihm liebevoll angeschaut zu werden. Es ist wie bei Menschen, die sich lieben. Sie sprechen miteinander, um sich einander näher zu kommen. Aber dann schweigen sie miteinander, nicht weil sie nichts mehr zu sagen haben, sondern weil die Gemeinschaft, die im Gespräch entstanden ist, durch weiteres Sprechen zerredet würde. Sie schweigen miteinander und werden so auf tiefere Weise miteinander eins. Die andere Art des Schweigens vor Gott besteht darin, dass ich in den inneren Raum des Schweigens eintrete, in dem Gott schon in mir wohnt. In diesem Raum des Schweigens werde ich eins mit Gott und zugleich mit mir selbst. Da kann ich erleben, was Kierkegaard einmal das Baden der Seele im Schweigen genannt hat. Meiner Seele tut das Schweigen gut. Schweigen wird dann wie ein Liegen in der Badewanne. Aller Schmutz fällt von mir ab. Ich kann mich fallen lassen. Ich fühle mich eingehüllt in Gottes Liebe. In dieses Schweigen vor Gott möchte Dich der Engel des Schweigens einführen.

Die Mönche sprechen davon, dass wir zwar mit dem Mund schweigen können, dass aber manchmal unser Herz ununterbrochen redet. Es macht sich ständig Gedanken über die anderen und urteilt über andere. Dann nützt das äußere Schweigen überhaupt nichts. Es geht um ein Schweigen des Herzens. Und das besteht vor allem darin, dass wir nicht über andere urteilen. In diesem Schweigen ebbt auch der Lärm unserer Gedanken ab. Auf einmal sind wir frei für den Augenblick. Ich wünsche Dir, dass der Engel des Schweigens Dir solche Augenblicke schenkt, in denen Du ganz gegenwärtig bist und offen für den gegenwärtigen Gott. Nur wenn Du schweigst, kannst Du ganz im Augenblick sein. Sobald Du das Denken anfängst, denkst Du über etwas nach und verlässt den gegenwärtigen Augenblick. Genieße das Schweigen, das Dir Dein Engel gewährt, und horche nach dem Gott, der Dein Schweigen mit seiner Liebe füllen möchte.

# 12.

## Der Engel der Gerechtigkeit

**GERECHTIGKEIT** ist die Kardinaltugend, die alle anderen zusammenhält. Bei Platon besteht die Gerechtigkeit in erster Linie darin, dass der Mensch das rechte Gleichgewicht zwischen den drei Seelenteilen herstellt. Gerechtigkeit ist für ihn also weniger eine soziale Haltung als eine Eigenschaft der Seele. Die Gerechtigkeit tut der Seele gut und verschafft allen drei Bereichen, dem Verstand, dem Gefühl und der Begierde, das ihnen zustehende Recht. Aristoteles hat die Gerechtigkeit dagegen als soziale Tugend verstanden. Gerecht ist der Mensch, der unparteiisch zwischen zwei rivalisierenden Gruppen vermittelt. Im Mittelalter hat man die Figur der „justitia = der Gerechtigkeit" immer mit der Waage dargestellt und mit einem Schwert und einer Binde vor den Augen. Gerechtigkeit besteht darin, alles gut abzuwägen, dann aber auch einen Richtspruch zu fällen, zu entscheiden und diese Entscheidung auch durchzusetzen. Und Gerechtigkeit muss ohne Ansehen der Person geschehen. Der gerechte Mensch versucht abzusehen von persönlichen Bindungen und Vorlieben. Er will der Sache gerecht werden. Aber wenn wir nur der Sache und nicht dem Menschen gerecht werden, kann Gerechtigkeit auch unbarmherzig werden. Die Lateiner sagen: „Fiat justitia, pereat mundus = Es geschehe Gerechtigkeit, mag auch die Welt zugrunde gehen." Gerechtigkeit versteht man dann als Durchsetzung des Rechtes, auch über das Wohl des Menschen hinweg. Das Recht ist wichtiger als der Mensch. Und Gerechtigkeit wird als Gericht verstanden. Wer das Gesetz übertritt, wird gerichtet und bestraft.

## DER ENGEL DER GERECHTIGKEIT

Der Engel der Gerechtigkeit möchte uns eine andere Haltung der Seele vor Augen führen. Die eigentliche Gerechtigkeit besteht darin, jedem das Seine zu geben und einem jeden Recht zu verschaffen. Letztlich ist es das Recht auf wirkliches Leben, das die Gerechtigkeit jedem Einzelnen zubilligt. Wer gerecht ist, der lebt richtig, gerade. Er hat sich aufgerichtet. Zur Wurzel des Wortes „Recht" gehört auch das lateinische „regere = lenken, leiten, geraderichten, herrschen". Das Lenken kommt dem „rex", dem König zu. So ist die Gerechtigkeit die Tugend der Könige. Der gerechte Mensch ist der aufrechte Mensch, der in sich richtig ist, der sich und seinen verschiedenen Bedürfnissen gerecht wird, der aber auch dem Mitmenschen gerecht wird und ihn richtig behandelt. In diesem Sinn versteht die Bibel die Gerechtigkeit. Sie lobt den Gerechten und setzt ihn immer in Gegensatz zum Frevler. Der gerechte Mensch ist zugleich der gute, der in Übereinstimmung mit Gott und Gottes Geboten lebt. Josef, der Mann Marias, ist das Vorbild des gerechten Menschen. Er ist lauter gegenüber dem Gesetz, aber zugleich gütig gegenüber den Menschen. Er pocht nicht auf sein Recht, sondern er wird seiner Verlobten gerecht, indem er sie nicht durch öffentliche Anklage beschämt. Einen zentralen Platz nimmt das Thema der Gerechtigkeit bei Paulus ein. Paulus geht es um die Frage, ob der Mensch aus sich selbst heraus gerecht ist, ob er durch gute Taten seine Gerechtigkeit bewirken kann, oder ob Gott den Menschen gerecht macht. Und Paulus plädiert dafür, dass unsere Gerechtigkeit von Jesus Christus her kommt, dass Gott uns in Jesus gerecht macht, zum richtigen Menschen formt, in die Gestalt bringt, die unserer Seele gerecht wird. Weil wir von Gott her richtig sind, brauchen wir uns nicht mehr zu rechtfertigen, sind wir frei von dem Zwang, alles richtig machen zu müssen. So ist Gerechtigkeit für Paulus ein Bild für das Heil, das uns Christus geschenkt hat. Christus hat uns von unserer Ungerechtigkeit befreit und uns heil und ganz gemacht.

## DER ENGEL DER GERECHTIGKEIT

Der Engel der Gerechtigkeit möchte Dir zeigen, wie Du richtig leben kannst, wie Du Dir selbst gerecht werden kannst und wie Du den Menschen in Deiner Nähe gerecht wirst, damit sie richtig leben können. Du wirst Dir und Deinen Bedürfnissen gerecht, wenn Du auf sie hörst und sie beachtest und wenn Du zwischen Pflicht und Wunsch einen Weg findest, der beiden Polen Rechnung trägt. Gerecht werden hat auch mit Ausgleichen zu tun. Ich muss einen gerechten Ausgleich zwischen den verschiedenen Interessen finden, die in meinem eigenen Innern gegeneinander stehen. Und ich muss Gerechtigkeit walten lassen zwischen den gegensätzlichen Interessen der Menschen in einer Gemeinschaft oder in der ganzen Welt. Gerecht ist eine Lösung, die allen zugute kommt, mit der alle gut leben können.

Der Engel der Gerechtigkeit möge immer bei Dir sein, wenn Du einen Ausgleich suchst zwischen den verschiedenen Bestrebungen Deines Herzens, zwischen Deinem Wunsch nach Freiheit und Deiner Verpflichtung Deiner Familie gegenüber, zwischen Nähe und Distanz, zwischen dem Festhalten an Deiner Meinung und der Offenheit für die Wünsche des anderen, zwischen Deinem Recht auf Leben und dem Recht des anderen, zwischen Deinem Maß, das für Dich stimmt, und den Erwartungen, die andere an Dich haben. Und ein Engel möge Dich begleiten, wenn Du für eine Gruppe nach einer Lösung suchst in einem Konflikt, der auf den ersten Blick unlösbar erscheint. Der Engel möge Dich selbst dabei aufrichten, damit Du richtig leben kannst, aufrecht, authentisch, dass Du zugleich Dir gerecht wirst und dem Nächsten, Deinem eigenen Willen und dem Willen Gottes.

# 13.

## Der Engel der Lauterkeit

**VON EINEM MENSCHEN** zu sagen, er sei lauter, meint: Er ist grundehrlich und anständig. Ihm können wir trauen. Lauter kommt ursprünglich von „spülen, reinigen". Wir sprechen heute noch von „läutern = reinigen, säubern, bessern". Wer lauter ist, der ist gereinigt von allen inneren und äußeren Schmutzflecken. Er ist durch das Wasserbad der Selbsterkenntnis gegangen und hat alles abgewaschen, was sein ursprüngliches Bild trübt. Wenn wir von „lauterem Gold" sprechen, meinen wir ein Gold, das frei ist von allen fremdartigen Beimischungen. Es ist echt und unverfälscht. Ein lauterer Mensch ist also frei von allen Nebenabsichten, Intrigen, von Winkelzügen und Lügen. Er ist auch frei von den Einflüssen anderer. Er lässt sich nicht bestimmen durch die Erwartungen anderer. Er lebt entsprechend seiner lauteren Seele. Er tut genau das, was ihm die eigene Seele eingibt. Er lebt seinem Wesen gemäß und hat sich nicht verbiegen lassen, weder durch die Aussicht auf Karriere, noch um bei anderen beliebt zu sein. Er lebt sein Sein. Er ist einfach so, wie es seiner Seele entspricht.

Der Engel der Lauterkeit ist verwandt mit dem Engel der Echtheit. Echtheit ist noch etwas anderes als Ehrlichkeit. Das Unechte ist nicht verlogen. Es ist vielmehr erkünstelt, anempfunden, angepasst. Bei manchen hat man den Eindruck, sie kopieren mit ihrem Reden einen anderen. Sie treten nicht so auf, wie es ihrem Innern entspricht, sondern so, wie sie es bei einem anderen abgeschaut haben. Echt ist ein Verhalten, das unmittelbar aus dem Innern quillt. Echtheit ist Ursprünglichkeit. Nietzsche hat diese Haltung der Echtheit geliebt. Von ihm hat Heidegger den Begriff der „Eigentlichkeit" abgeleitet. Sartre und Gide haben ihn mit „authenticité" übersetzt. Authentisch sein, das ist für den heutigen Menschen ein hohes Ideal. Authentisch ist der, der er „selbst" ist (= autos), der der Urheber seiner selbst ist (= auth-entes). Der lautere Mensch ist der, der ganz er selbst ist, der frei ist von allen Verunreinigungen, Anpassungen, von allem Gekünstelten und Manieriertem. Der lautere Mensch ist authentisch. Er lebt nicht nach fremden Vorstellungen. Das Kind ist von Natur aus lauter. Es lebt, weil es lebt. Es ist, weil es ist, ohne Nebenabsichten und Verfälschungen. In uns ist die Sehnsucht, zu dieser Lauterkeit des Kindes zurückzukehren und wieder mit unserem ursprünglichen und unverfälschten Bild übereinzustimmen.

Wenn wir uns ehrlich anschauen, so entdecken wir viel Unlauteres in uns. Da sind wir in unseren Worten abhängig von den Erwartungen anderer. Da sagen wir nicht einfach, was wir spüren. Wir wollen vielmehr etwas erreichen. Wir reden so, dass wir das bekommen, was wir gerne möchten. Wir haben Absichten. Und oft genug sind es keine lauteren Absichten, die wir mit unseren Worten und mit unseren Handlungen verbinden. Wir entdecken in unserer Nächstenliebe Nebenabsichten. Wir wollen auch gut vor anderen dastehen. Wir erkennen, dass wir ebenso vor uns selbst als gut erscheinen möchten. In all unser Reden und Tun schleichen sich Nebenabsichten ein, da mischt sich etwas hinein, was unserem lauteren Sein widerspricht.

Und zugleich ist in uns die Sehnsucht nach dieser Lauterkeit, die Sehnsucht danach, dass alles, was wir sagen, mit unserem Wesen übereinstimmt, dass alles, was wir tun, aus unserer Liebe strömt und nicht unserer Berechnung entspringt. Manche sind enttäuscht von sich selbst, wenn sie ehrlich in sich hineinschauen. Der Engel der Lauterkeit möchte uns zeigen, dass in uns nicht nur die vielen fremden Beimischungen sind, sondern dass in uns ein lauterer Kern ist. Es gibt in uns einen Bereich, in dem wir schon lauter sind. Dort stimmen wir überein mit unserem wahren Sein. Dort sind wir im Einklang. Dort reden und handeln wir ohne Nebenabsichten. Der Engel der Lauterkeit möge Dich davor bewahren, Dich nur schlecht zu machen. Dein innerster Kern ist gut. Er ist lauter und rein. Trau Deiner Lauterkeit und freue Dich daran, wenn Du spürst, dass manche Deiner Worte wirklich lauter gemeint sind, dass manche Deiner Absichten lauter sind und dass Du manches tust, ohne nach der Wirkung zu fragen. Und bitte den Engel der Lauterkeit, dass er Dich immer wieder läutere und Dich befreie von Nebenabsichten und Eintrübungen. Dann wirst Du Dich über Deine innere Klarheit freuen.

# 14.
# Der Engel der Unbestechlichkeit

„BESTECHEN" war ursprünglich ein Fachwort für die Bergleute. Sie stachen mit einem spitzen Werkzeug in den Boden hinein, um zu prüfen, ob dort etwas von dem gewünschten Metall oder von der Kohle zu finden ist. Von dieser Prüfung durch „Bestechen" des Bodens wurde dann unsere Bedeutung abgeleitet: jemanden mit Gaben prüfen, auf die Probe stellen, ob er ehrlich ist oder ob er sich „bestechen" lässt, ob er sich für die eigenen Absichten gewinnen lässt. Mit Geld kann man den Menschen prüfen, ob er wirklich lauter ist oder ob er sich verbiegen lässt, ob er sich meinen Absichten unterordnet und genau das tut, was ich möchte, oder ob er das tut, was ihm das eigene Gewissen sagt. Heute leiden wir darunter, dass so viele Politiker und Wirtschaftler offensichtlich bestechlich sind. Man braucht ihnen nur genügend Geld anzubieten. Dann setzen sie sich für unsere Interessen ein. Dann tun sie genau das, was wir von ihnen wollen. Wir sprechen dann nicht nur von Bestechlichkeit, sondern auch von Korruption. Korruption kommt vom lateinischen „corrumpere = verderben, vernichten". Wer bestechlich ist, ist also letztlich innerlich verdorben. Er ist kein Mensch mehr. Er ist als Mensch vernichtet und zerstört. Er ist nur noch Wrack, aber kein Mensch, auf den man sich verlassen kann.

Da sehnen wir uns nach dem Engel der Unbestechlichkeit. Er steht uns zur Seite, wenn Menschen uns durch Geldangebote oder sonstige Versprechungen bestechen wollen. Er stärkt uns den Rücken, damit wir das tun, was unserem Sein entspricht, dass wir uns nicht beugen und biegen lassen, sondern aufrecht zu dem stehen, was und wer wir sind. In jedem von uns ist eine Tendenz, der Versuchung durch Geld und attraktive Stellenangebote nachzugeben. Es gibt in unserer Seele auch eine bestechliche Seite. Aber zugleich ist in unserer Seele ein unbestechlicher Teil. Manchmal ist er verschüttet, weil wir zu sehr unseren Wünschen nach Besitz und Anerkennung verhaftet sind. Da brauchen wir den Engel der Unbestechlichkeit, dass er diesen zarten Teil unserer Seele stärkt. Wenn der Engel uns einmal gestärkt hat, wo jemand uns bestechen wollte, dann wächst in uns ein Gefühl der Dankbarkeit und Freiheit. Dann trauen wir wieder unserer Seele und unserem inneren Fühlen. Dann wissen wir, der Engel der Unbestechlichkeit ist stärker als alle, die uns verbiegen, bestechen und verderben möchten.

Du kannst Dich einmal einen Tag lang genau beobachten, wo Du Deinem Engel der Unbestechlichkeit folgst und wo Du in Dir die Versuchung spürst, Dich von anderen bestechen zu lassen. Vielleicht sagst Du in einer Gruppe nicht genau das, was Du spürst. Du erkundigst Dich erst, was die Gruppenmeinung ist. Und dann richtest Du Dich nach ihr. Schon hast Du Dich bestechen lassen. Oder Dein Chef möchte etwas von Dir. Du sollst eine Aufgabe erledigen. Du spürst, dass da etwas schief läuft, dass der Chef Dich benutzen will. Aber Du hast Angst, Dich zu widersetzen. Sonst verlierst Du sein Wohlwollen. Wenn Du seinen Willen erfüllst, kannst Du vielleicht mit einer Höherstufung rechnen. Oder Du hast zumindest bei ihm eine gute Karte. Dann bist Du der Versuchung der Bestechlichkeit ausgesetzt. Oder Du willst Deinem Vater etwas sagen, was Dir an seinem Verhalten nicht gefällt, was Dich verletzt. Doch er verspricht Dir, Dich beim Erbe mehr zu berücksichtigen als Deine Geschwister. Und schon redest Du ihm nach dem Mund. Dann bist Du bestechlich. Immer wenn Du nicht Deiner inneren Stimme folgst, sondern Dich vom Angebot der Zuwendung, der Belohnung, der Auszeichnung verlocken lässt, verrätst Du den Engel der Unbestechlichkeit. Bitte ihn, dass er Dich sensibel macht, wo Du in Gefahr bist, Dich in Deiner Seele verderben zu lassen. Bitte ihn, dass er Dich immer unbestechlicher, klarer und eindeutiger macht. Dann wirst Du aufrechter durch das Leben gehen.

# 15.

## Der Engel der Großmut

MIT GROSSMUT übersetzen wir das griechische Wort „makrothymia". Die Griechen bezeichnen mit „makrothymia" die Geduld, das Ausharren, die Standhaftigkeit, die Ausdauer. In der Bibel wird die „makrothymia" vor allem Gott zugeschrieben. Bei Gott meint sie seine Langmut, die er mit uns hat. Weil Gott langmütig ist, soll es auch der Mensch zum Mitmenschen sein und ihm seine Fehler nicht nachtragen. Mit „thymos" bezeichnen die Griechen den emotionalen Bereich des Menschen. Wenn einer da Größe und Weite zeigt, dann wird er nicht gleich zornig reagieren, wenn ihm etwas nicht passt. Er wird nicht aufbrausen, wenn ihn jemand verletzt. Empfindliche Menschen, die sofort explodieren, haben oft einen kleinen Mut. Sie sind kleinkariert, engherzig. Ihr kleiner Pott läuft leicht über. Sobald jemand sie kritisiert, platzt ihnen der zu enge Kragen. Wer ein weites Herz hat, in dem hat viel Raum, auch Kritik. Sie bringt ihn nicht so leicht aus dem Gleichgewicht.

Großmut meint wohl auch die Großherzigkeit. Wer ein großes und weites Herz hat, der ist großzügig im Geben, aber genauso gut auch im Beurteilen. Er wird nicht nur nach Normen und Prinzipien urteilen, sondern den Menschen bei sich in seinem weiten Herzen eintreten lassen, ihn mit einem weiten Blick anschauen und prüfen. Er wird ihm seine Fehler nachsehen. Er traut ihm zu, dass er wachsen kann, dass sich das Gute in ihm noch entfalten wird. Weil er groß ist in seinem Gemüt, denkt und fühlt er auch groß von den Menschen. Er vertraut dem Großen, das in jedem

Einzelnen steckt. Er legt den anderen nicht fest auf das Kleinkarierte und Enge, sondern sieht in ihm den, der noch werden kann.

Um Großmut zeigen zu können, muss ich erst Großes erfahren haben. Ich muss erlebt haben, dass mir Großes geschenkt worden ist. Dann werde ich nicht kleinlich auf dem beharren, was ich habe und was ich erkenne. Da kann das weite Herz großzügig über die Fehler der Menschen hinwegsehen. Der Großmütige hängt nicht an seinem Besitz. Er kann herschenken, ohne zu berechnen. Aber Großmut ist mehr als Großzügigkeit. Großmut ist immer Ausdruck innerer Größe. Da hat sich das innere Gemüt geweitet. Da ist ein großer Raum, in dem alles, was von außen auf mich einströmt, Platz hat. Großmut ist zugleich Langmut. Der Großmütige hat einen langen Atem. Er kann warten, bis im anderen Verwandlung geschieht. Er lässt sich Zeit. Er muss den anderen nicht ändern. Er kann auch warten, bis Gott in seinem Leben Entscheidendes bewirkt.

In jedem von uns ist zugleich Großmut und Kleinmut, ein weites und ein enges Herz. Wenn wir dem Engel der Großmut trauen, dann wird sich unsere Enge weiten. Der Engel des Großmutes wird seine weiten Flügel über uns breiten. Das bewahrt uns davor, alles aus unserer engen Sicht heraus zu betrachten. Der Engel der Großmut möge Dich in Berührung bringen mit Deiner eigenen Weite, mit dem großen Mut, den Du in Dir hast. Du hast ein weites Herz. Du hast in Deinem Leben schon Großes erfahren. Lasse Dich vom Engel der Großmut immer wieder an Deinen langen Atem, an Deine Großzügigkeit, an Dein weites und großes Herz erinnern. Du wirst Dich anders erleben. Du wirst Dich freuen können an Deiner inneren Weite. Und Du wirst sehen, wie die Menschen um Dich herum gerne eintreten werden in Deinen großen Mut, in Dein weites Herz.

# 16.

## Der Engel des Lächelns

**LÄCHELN** können wir auf verschiedene Weise. Da gibt es das hinterhältige Lächeln. Da tut einer nach außen hin freundlich, in Wirklichkeit aber führt er Böses im Schilde. Da gibt es das Fassadenlächeln, wie es in der Operette besungen wird: „Immer nur lächeln, niemals betrübt, doch wie's da drin aussieht, geht niemand was an." Oder Menschen lächeln, während sie uns ihre schwersten Verletzungen erzählen. Dann ist ihr Lächeln Abwehr gegen den Schmerz, den sie eigentlich empfinden. Oder es ist das fromme Lächeln, das manchmal zu einer Maske wird. Solche Formen des Lächelns stoßen uns eher ab. Und für sie wollen wir den Engel des Lächelns auch nicht bemühen.

Was der Engel des Lächelns uns lehren möchte, das zeigt uns der Künstler der Erzengel am Bamberger Dom. Er stellt die Engel mit einem verschmitzten und zugleich beseligenden Lächeln dar. Ihr Lächeln ist Ausdruck einer inneren Erfahrung. Offensichtlich spüren diese Engel noch das Paradies, aus dem sie kommen und an dem sie auch jetzt teilhaben. Es ist ein Lächeln innerer Überlegenheit. Die Welt mit ihrer Unruhe und ihrem Lärm kann den Engeln am Portal des Bamberger Domes nichts anhaben. Sie kommen aus einer anderen Welt, und sie sind auch, wenn sie hier für uns sichtbar sind, doch in eine andere Welt eingetaucht, in die Welt der Liebe Gottes. Bei diesen Engeln des Lächelns sollen wir in die Schule gehen. Von ihnen könnten wir wichtige Haltungen unserer Seele lernen. Sie möchten uns in Berührung bringen mit unserer Seele, die etwas Leichtes in sich hat, weil sie zwar in dieser Welt ist, aber doch aus einer anderen Welt stammt.

## DER ENGEL DES LÄCHELNS

Als Erstes könnten wir vom Engel des Lächelns das Lächeln über uns selbst lernen. Wir würden uns selbst dann nicht so tierisch ernst nehmen. Wenn wir einen Fehler machen, dann beschimpfen wir uns nicht, sondern wir lächeln darüber. Wir haben uns wieder einmal bei unserem alten Muster ertappt. Das Lächeln entwaffnet. Es nimmt uns die Waffen aus der Hand, mit denen wir sonst gegen uns wüten. Im Lächeln sind wir einverstanden mit uns selbst. Da gehen wir milde mit uns um. Lächeln verrät unser Wissen um tiefere Dinge. Wir bleiben nicht an der Oberfläche unseres Versagens oder unserer Peinlichkeiten stehen, sondern schauen tiefer. Es geht uns nicht um unseren Ruf nach außen, auch nicht um den Ehrgeiz, gut dazustehen. Wir spüren im Lächeln, dass es eigentlich um anderes geht, um das bedingungslose Geliebtsein von Gott, um unsere innere Stimmigkeit und unser Gegründetsein in Gott.

Wenn der Engel des Lächelns bei uns ist, dann reagieren wir auch auf Menschen mit einem freundlichen Lächeln, wenn sie missmutig auf uns zukommen. Da lächelt eine Verkäuferin den unzufriedenen Kunden an, statt sich über ihn zu ärgern. Es ist kein Auslachen und auch kein erzwungenes Lächeln, weil sie als Verkäuferin keine Wut zeigen darf, auch kein Lächeln aus Berechnung, um mehr zu verkaufen. Es ist vielmehr ein Lächeln, das aus der Tiefe kommt, aus einem tiefen Verständnis für den anderen. Der andere darf so unzufrieden sein. Ich versuche ihn zu verstehen. Vielleicht hat er seine Arbeitsstelle verloren. Vielleicht hat er Schwierigkeiten in seiner Familie. Oder aber es geht ihm langsam auf, dass man mit Geld nicht alles kaufen kann, dass der äußere Reichtum einen nicht zufrieden stellen kann. Die Verkäuferin, die lächelnd reagiert, gibt dem mürrischen Kunden die Möglichkeit, Abstand von seiner Unzufriedenheit zu bekommen, in der er sich eingerichtet hat. Sie macht ihm keinen Vorwurf. Sie will ihn nicht ändern. Sie bietet ihm nur an, sein Leben von einer anderen

Warte aus zu sehen. Oft genug steckt das Lächeln an. Wenn der Kunde das Lächeln der Verkäuferin wahrnimmt und sich davon berühren lässt, dann wird sich auch sein Gesicht aufhellen. Er wird spüren, dass er alles nur mit seiner schwarzen Brille gesehen hat.

Die Krankenschwester, die lächelnd in das Zimmer der Patienten tritt, erzeugt eine Atmosphäre, in der sich die Kranken wohl fühlen, in der sie sich angenommen wissen. Manche sagen dann spontan: „Sie sind ein Engel. Sie haben immer gute Laune. Sie verbreiten um sich immer eine angenehme Stimmung. Sie strahlen soviel Freude aus." Lächeln ist eine aktive Reaktion. Die Krankenschwester lässt sich nicht bestimmen von der Empfindlichkeit des Patienten oder von seinen Überansprüchen. Sie geht aktiv auf die Kranken zu. Mit ihrem Lächeln bietet sie ihnen neue Möglichkeiten an, mit ihrer Krankheit umzugehen. Sie vermittelt ihnen, dass sie sich gerne um sie kümmert, dass sie liebenswerte Menschen sind. Wenn sie lächelnd über spitze Bemerkungen oder Ausbrüche der Unzufriedenheit hinweggeht, dann erfriert in ihr das Lächeln nicht zur Maske. Sie versteht und akzeptiert, dass Kranke auch unzufrieden sein können und dürfen. Aber sie legt die Kranken nicht auf ihr Murren und Schimpfen fest. Sie sieht tiefer. Sie erkennt die Sehnsucht nach Geliebtwerden. Mit ihrem Lächeln weckt sie diese Sehnsucht nach Liebe und Freude auf.

Ich wünsche Dir den Engel des Lächelns, damit Du mit Dir selbst verständnisvoller und zärtlicher umgehst und damit Du die Menschen um Dich anstecken kannst zu neuer Lebensfreude. Der Engel des Lächelns möge Dich in Berührung bringen mit der Tiefe Deiner Seele, in der Du manches nicht mehr so wichtig nimmst, was um Dich herum geschieht. Er möge Dir zeigen, dass Du wie die Engel schon jetzt an einer anderen Welt teilhast, die alles relativiert, was Dir hier widerfährt. Und der Engel des Lächelns möge Dich selbst zum Engel machen für viele, die in sich selbst verfangen sind. Der Engel wird zufrieden mit Dir lächeln, wenn du ab und zu einen mürrischen und unzufriedenen Menschen zu einem Lächeln bewegen kannst.

# 17.
# Der Engel des guten Schlafes

**SCHLAFLOSIGKEIT** ist heute eine Plage für viele Menschen. Manche können einfach nicht einschlafen. Sie können nicht abschalten, ihre Sorgen nicht loslassen, die Probleme nicht abgeben. Sie grübeln immer weiter nach, ob sie auch alles richtig gemacht hätten, was für Folgen ihre Entscheidungen haben könnten. Sie sorgen sich um ihre Familie, um ihre Gesundheit, um ihre finanzielle Zukunft. Andere schlafen durchaus ein. Aber schon um zwei Uhr morgens ist die Nacht zu Ende. Da wachen sie auf und ärgern sich darüber, dass sie nicht mehr einschlafen können. So wälzen sie sich im Bett und fangen an zu grübeln. Da taucht auf einmal wieder der Chef auf, vor dem man Angst hat, der einen nicht leiden kann. Oder aber eine Prüfungssituation tritt vor die Augen und raubt den Schlaf. Mit der Schlaflosigkeit verbindet sich die Angst, für den Alltag nicht gewappnet zu sein, unausgeschlafen zur Arbeit zu kommen und irgendwann nicht mehr zu können. Wer jahrelang an Schlaflosigkeit leidet, der hat keine Reserven mehr. Er ist vom Leben überfordert und wird krank.

Andere haben den gesunden Rhythmus verloren. Sie möchten am liebsten die Nacht zum Tage machen. Abends werden sie erst munter. So arbeiten sie bis tief in die Nacht hinein. Oft ist es Ausdruck ihrer eigenen Wichtigkeit. Sie meinen, sie hätten noch soviel zu tun. Sie könnten noch nicht ins Bett gehen. Sie sehen es als Beweis für ihre Unentbehrlichkeit, dass sie nur vier oder fünf Stunden täglich schlafen. Seit jeher haben die Mönche auf einen gesunden Rhythmus für Schlaf und Wachen gepocht. Wer zu viel schläft, wird schläfrig. Wer zu wenig schläft, wird nervös und gereizt. Er verbreitet um sich Hektik und Stress. Gerade in unserer Zeit, da Leistung und Produktivität an erster Stelle stehen, bedürfte es eines Fingerzeiges, dass Schlafen gesund ist und dass der richtige Rhythmus von Schlafen und Wachen unserer Seele und unserem Leib auf Dauer gut tut. Vielleicht gibt uns ein Engel diesen Hinweis.

Seit jeher haben die Menschen darauf vertraut, dass die Engel sie in den Schlaf geleiten und dass die Engel bei ihnen wachen, wenn sie schlafen. Das kirchliche Abendgebet bittet Gott: „Herr, kehre ein in dieses Haus und lass deine heiligen Engel hier wohnen. Sie mögen uns behüten, damit wir in Frieden ruhen." Ein Kindergebet weiß von 14 Engeln, die das Bett des Kindes umstehen und aufpassen, dass die Bären, Schlangen und Hunde, die im Traum auftauchen, dem Kind nicht schaden. Der Engel des Schlafes wiegt uns in den Schlaf. Das Kind schläft ein, wenn es sich in den Armen der Mutter geborgen fühlt. Schlafen hat etwas mit dem Mutterschoß zu tun. Wir lassen uns fallen in die mütterlichen Arme Gottes, in den göttlichen Mutterschoß, in dem wir geborgen sind. Engel lassen uns sanft einschlafen und dabei unsere Sorgen und Probleme loslassen. Wer unbedingt einschlafen will, dem wird es nie gelingen. Denn er kann sich ja nicht loslassen. Nur wer sich selbst vergisst, wer das Kreisen um sich selbst aufgibt, weil er sich von mütterlichen Armen geborgen weiß, kann schlafen.

Der Engel des guten Schlafes wacht über uns, damit wir gut durchschlafen. Menschen, die normalerweise nachts öfter aufwachen, erzählen manchmal morgens ganz glücklich, dass sie die ganze Nacht durchgeschlafen haben, dass sie sich richtig erholt fühlen. Sie erfahren es als Geschenk, dass sie gut geschlafen haben. Sie wissen, dass sie es nicht machen und steuern können. Sie sagen dann manchmal, dass ein Engel ihnen den guten Schlaf ermöglicht habe. Statt sich jeden Augenblick zu beobachten, ob ich schon müde genug zum Einschlafen bin, statt sich über jedes Aufwachen zu ärgern, sollten wir den Engel des guten Schlafes bitten, dass er bei uns ist, dass er uns in den Schlaf wiegt und unseren Schlaf behütet. Und wenn wir mitten in der Nacht aufwachen, sollten wir nicht grübeln, warum wir schon wieder aufgewacht sind. Wir sollten nicht ängstlich darüber nachdenken, ob wir wohl den Anforderungen des nächsten Tages gewachsen sind. Vielmehr sollten wir zum Engel des guten Schlafes beten. Vielleicht hat er uns bewusst aufgeweckt. Vielleicht waren wir tagsüber so beschäftigt mit den Alltagssorgen, dass wir gar nicht in Berührung waren mit unserer Seele, dass wir an uns und an Gott vorbeigelebt haben. Dann erinnert uns der Engel daran, dass in uns noch eine andere Dimension ist, dass die Seele in uns auch zu ihrem Recht kommen möchte.

Der Engel des guten Schlafes möge jede Nacht zu Dir kommen, um Deinen Schlaf zu behüten. Er möge auch den Engel des Traumes zu Dir senden, damit er Dir im Traum Weisung schenkt, wie Du Dein Leben gestalten sollst. Ich wünsche Dir, dass der Engel über Dich wacht, wenn Du schläfst, und dass er Dich jeden Tag erholt und mit innerer Zuversicht aufwachen lässt, damit Du im Aufstehen spürst, was das Geheimnis des Lebens ist. Ich wünsche Dir, dass Du heute Deine Engelsspur in diese Welt eingraben darfst.

# 18.

## Der Engel der Lebenslust

**GEISTLICHES LEBEN** besteht für den hl. Benedikt darin, die Lust am Leben zu lernen. Im Prolog seiner Regel fragt er die Leser: „Wer ist der Mensch, der Lust hat am Leben?" Und wenn einer mit Ja antwortet, dann wird ihm Gott den Weg zeigen, wie er Lust am Leben lernen kann. Der Weg, den Benedikt da aufzeigt, scheint uns auf den ersten Blick etwas fremd. Da heißt es: „Willst du das wahre und ewige Leben haben, so bewahre deine Zunge vor Bösem und deine Lippen vor falscher Rede! Meide das Böse, und tu das Gute; suche Frieden, und jage ihm nach!" (RB, Prol 17 = Ps 34, 14 f). Nicht indem wir möglichst viel Vergnügen suchen, finden wir die Lust am Leben, sondern indem wir das Böse meiden und das Gute tun. Wer das Leben wirklich genießen will, der muss auch verzichten können. Es bedarf der Askese als des Trainings in die innere Freiheit. Nur wer das Gefühl hat, dass er sein Leben selber in die Hand nimmt und es formt, empfindet Freude daran. Wenn einer völlig abhängig ist von seinen Bedürfnissen und jedes Bedürfnis sofort befriedigen muss, wird er sich nie seines Lebens freuen. Er hat eher ein dumpfes Gefühl, dass er von außen her gelebt wird, statt selber zu leben. Lebenslust hat nichts zu tun mit der heutigen Spaß- und Fun-Kultur. Viele junge Menschen meinen heute, sie müssten möglichst viel Leben haben. Und sie wollen es immer sofort haben. Sie wollen es genießen, sich nicht um die Zukunft kümmern. Aber sie werden immer unfähiger, wirklich zu leben und zu genießen. Es entsteht eine Hektik des Vergnügens und der scheinbaren Lebensfülle, die jede wahre Lebendigkeit vereitelt.

## DER ENGEL DER LEBENSLUST

Der Engel der Lebenslust will uns einweisen in die Kunst des wirklichen Lebens. Lust am Leben, das kann heißen, dass ich ganz im Augenblick bin, dass ich durch einen herbstlichen Wald wandere und mit allen Sinnen wahrnehme, was sich mir da anbietet. Ich schaue dem Spiel des Lichtes zu, wie die Sonne durch den Laubwald hindurchscheint und die grünen und bunten Blätter in farbigem Licht aufleuchten lässt. Ich lasse die milden Sonnenstrahlen in meine Haut dringen. Ich rieche den Geruch des Waldes, der alle Augenblicke wechselt. Da habe ich Lust am Leben, da koste ich den Geschmack des Lebens. Der Engel, der mit mir geht, weist mich hin auf die Schönheit der Natur. Er führt mich ein in die Kunst, alles andere zu vergessen und nur im Augenblick zu sein, nur wahrzunehmen, was ist. Das ist intensives Leben. Da schmeckt das Leben.

Der Engel der Lebenslust befreit mich von meinen Hemmungen, wenn ich ein Fest feiere. Er erlaubt mir, mich frei von allen Berechnungen auf die Feier einzulassen. Für den einen besteht die höchste Lebenslust darin, ausgiebig zu tanzen, für den anderen darin, die liebevoll zubereiteten Speisen zu genießen, sich Zeit zu lassen für das Mahl, für die Gespräche, für das Miteinander. Ein anderer kann sich loslassen, wenn er musiziert. Ein anderer geht darin auf, die ganze Festgesellschaft zum Spielen zu bringen. Wenn wir manche Feste anschauen, wie sie heute bei Hochzeiten, Geburtstagen und Jubiläen gefeiert werden, da wünscht man der Festversammlung den Engel der Lebenslust. Manche verwechseln Lebenslust mit möglichst hohem Aufwand. Doch mit Geld allein lässt sich nicht die Freude am Feiern erkaufen. Da braucht es innere Bedingungen: die Bedingung, sich freuen zu können an der Phantasie des Gastgebers, an den Menschen, die mit mir feiern, an der Schönheit des Festsaals und am Geschmack der Speisen. Manche Feste wirken steif. Da versuchen alle, sich in eine künstliche Freude hineinzusteigern. Doch es fehlt die Lebendigkeit, es fehlt die Lust am Leben.

## DER ENGEL DER LEBENSLUST

Der Engel der Lebenslust möchte mich nicht nur an Sonn- und Feiertagen einführen in die Freude am Leben. Er beginnt schon am Morgen damit, mir die Augen zu öffnen für das Geheimnis dieses Tages, für die kleinen Freuden, die für mich bereitliegen, für die frische Luft, die durch das offene Fenster einströmt, für meinen Leib beim Duschen, für das frische Brot beim Frühstück, für die Begegnung mit den Menschen, mit denen ich heute zu tun habe. Der Engel der Lebenslust nimmt mich an die Hand und zeigt mir, dass das Leben in sich schön ist. Es ist schön, gesund zu sein, seinen Leib zu bewegen. Es macht Spaß, frei durchzuatmen. Und es ist eine Freude, die täglichen Überraschungen des Lebens bewusst wahrzunehmen. Wer aber mit Unlust durch den Tag geht, lässt sich sogar durch einen wunderbaren Sonnenaufgang nicht von seiner verdrießlichen Stimmung befreien. Selbst ein Fest wird ihm dann nicht wirkliche Lust am Leben schenken. Ich wünsche Dir, dass Dich der Engel der Lebenslust in die Kunst einführt, das Leben in vollen Zügen zu genießen, ganz im Augenblick zu sein, intensiv zu leben und Dich an allem zu freuen, was Dir Tag für Tag geschenkt wird.

# 19.

# Der Engel des Augenmaßes

**IMMER WIEDER** erlebe ich Menschen, die krank werden, weil sie ihr Maß überschreiten. Die einen muten sich zuviel Arbeit zu und kennen kein Maß dabei. Sie schlafen zu wenig und werden immer unruhiger. Die anderen leben über ihr Maß hinaus, weil sie ein zu hohes Idealbild von sich haben. Sie möchten alles perfekt machen und werden daran krank, dass sie so durchschnittlich sind. Ich habe junge Leute erlebt, die psychotisch wurden, weil sie unbedingt studieren wollten. Sie wurden erst wieder gesund, als sie ihr Maß fanden. Für den einen war das eine Gärtnerlehre, für den anderen eine Schreinerlehre. Sie brauchten den Kontakt zur Erde und zum Holz, um gesund zu werden. Als sie glaubten, sie könnten mit ihrem Verstand die Welt erobern, erlitten sie Schiffbruch. Manche sind von religiösen Ideen so fasziniert, dass sie kein Maß mehr finden, dass sie immer meditieren möchten und die Anforderungen des Lebens vergessen. Manche bilden sich ein, sie müssten alle Erwartungen erfüllen, die man in sie gesetzt hat. Sie lassen sich das Maß von außen aufdrücken, statt auf ihr inneres Maß zu hören.

Der hl. Benedikt nennt das Gespür für das rechte Maß die Mutter aller Tugenden. Er schärft dem Abt ein, er solle alles mit Maß ordnen, „damit die Starken finden, was sie suchen, und die Schwachen nicht weglaufen" (RB 64, 19). Immer wenn ich mein Maß überziehe, rächt es sich. Wenn ich zu viel faste, ruiniere ich meine Gesundheit. Wenn ich zu viel arbeite, werde ich unempfindlich für die Menschen. Wenn ich mir bei einer Bergtour zu viel zumute, begebe ich mich unnötig in Gefahr. Es gibt Menschen, die sich für ihre persönliche Entwicklung zu viel vornehmen. Sie meinen, sie müssten ein Heiliger werden oder ein erfolgreicher Unternehmer oder ein großer Asket. Es gibt auch ein Maß für die Seele. Manche überziehen dieses Maß. Sie wollen nicht akzeptieren, wie sie in ihrer Seele beschaffen sind. Das rechte Maß zu erkennen, erfordert zum einen Demut, den Mut, die eigenen Grenzen zu akzeptieren. Zum anderen ist aber auch Großmut gefordert, die eigenen Begabungen und Stärken dankbar anzunehmen. Es gibt auch Menschen, die ihr Maß von vornherein zu klein sehen. Sie trauen sich gar nichts zu. Sie grenzen sich ständig ab, damit ja niemals ihr Maß überschritten wird. Aber dann werden sie nie erkennen, wie groß ihr Maß ist. Ich muss über meine Grenzen hinausgegangen sein, um zu entdecken, wo meine Grenze liegt. Maß kommt von „messen", und das hat mit „abschreiten, wandern, abstecken" zu tun. Ich muss mein Maß abschreiten, um es zu erkennen. Ich muss wandern, um zu sehen, wie weit ich an einem Tag gehen kann.

Der Engel des Augenmaßes will Dich bei Deinem Abschreiten und Wandern begleiten, damit Du Dir den ganzen Bereich Deiner Seele erwanderst und nicht zu früh mit dem Wandern aufhörst. Aber er will Dich auch davor bewahren, Dein Maß zu überschreiten. Der Engel des Augenmaßes täte Dir gut, wenn Du heute das Maß Deiner Arbeit festsetzt, wenn Du Dich entscheiden musst, ob Du eine Verpflichtung eingehen willst. Du brauchst den Engel des Augenmaßes im Gespräch mit Deinen Mitarbeitern, um zu erkennen, wie viel Du ihnen zutrauen kannst, im Umgang mit Deinen Kindern, dass Du sie herausforderst, aber nicht überforderst, und in Begegnungen, damit Du spürst, wie intensiv Du Dich auf diesen Menschen einlassen und wie lange Du bei ihm bleiben möchtest. Der Engel des Augenmaßes möchte Dich aber auch begleiten auf Deinem inneren Weg, auf dem Weg Deiner Selbstwerdung. Er zeigt Dir, was Du Dir zutrauen sollst und was nicht. Er bewahrt Dich davor, sämtliche Fortbildungskurse zu besuchen, die eine Steigerung

Deiner Intelligenz, Deiner Fähigkeiten und Deines Wohlbefindens verheißen. Der Engel des Augenmaßes lehrt Dich die Kunst, Dich an Deinem Maß zu freuen. Wenn Du Dein Maß gefunden hast, dann kannst Du Dich voll Vertrauen einlassen auf das Leben. Dann entgehst Du der Gefahr vieler Werbungen, die Dir etwas verheißen, was Deinen Horizont übersteigt. Viele geraten heute in die Falle solcher Versprechungen. Weil sie zuviel wollen, bekommen sie nichts. Sie fallen immer wieder auf Gurus herein, die ihnen verheißen, etwas ganz Außergewöhnliches zu sein. Sie fallen auf die Nase, um dann sehr schmerzlich ihr Maß anerkennen zu müssen. Der Engel des Augenmaßes möchte Dich vor solchen Fallen bewahren. Er möchte Dir die Freude an Deinem Maß schenken und die Fähigkeit, zu Deinem Maß zu stehen und der Versuchung des Übermaßes zu entgehen.

# 20.

## Der Engel der Ruhe

**NACH RUHE SEHNEN** wir uns alle. Aber sobald wir einmal Zeit haben, auszuruhen, spüren wir, dass sich nicht automatisch Ruhe einstellt. Im Gegenteil – die äußere Ruhe macht uns innerlich unruhig. Da tauchen viele Gedanken auf, die wir sonst verdrängen. Da erinnern wir uns an die Arbeitskollegin, die uns gekränkt hat. Da taucht der Chef in unserer Vorstellung auf als einer, der uns ständig klein machen möchte. Da kommt die Enttäuschung über all das ungelebte Leben in uns hoch. Da nagen Schuldgefühle an unserem inneren Frieden. Wir grübeln und kommen mit unseren Gedanken einfach nicht zur Ruhe.

Da brauchen wir den Engel der Ruhe, der uns ausruhen lässt. Er gibt uns das Gefühl, dass wir die vielen Probleme, die uns beschäftigen, jetzt nicht zu lösen brauchen. Er steht bei uns, wenn wir uns mit Schuldgefühlen zerfleischen. Er sagt uns: „Es ist gut so, wie es ist. Ich stehe zu Dir. Ich bin trotz all Deiner Fehler doch Dein Engel, der Dich nicht verlässt." Der Engel der Ruhe tröstet uns, wenn die Enttäuschung über unser vertanes Leben über uns kommt. Er lädt uns ein, alles zu lassen, wie es ist. Und im Schatten seiner Flügel können wir zur Ruhe kommen. Da verfolgt uns der Schatten nicht mehr, vor dem wir so rastlos davongelaufen sind. Der Engel deckt mit dem Schatten seiner Flügel unseren Schatten zu. Auch unser Schatten darf sein. Es lohnt nicht, vor ihm zu fliehen.

Ruhe war für die Griechen etwas Heiliges. Sie sprechen von der „anapausis", von der Unterbrechung des Alltags, von der Ruhe und vom Ruheplatz. Die Pause, die wir uns nehmen, unterbricht die Hektik der Arbeit, damit wir uns ausruhen und erholen können. Die Ruhe ist für die Griechen aber nicht reines Nichtstun, sondern mühelose Tätigkeit und schöpferisches Tun. Die Lateiner preisen die Ruhe als Muße (= otium). Ruhe ist nicht nur Unterbrechung des Lebens, nicht nur Pause, sondern eine eigene Lebensqualität, die Qualität der Muße, der absoluten Bejahung des Seins. In der Muße genieße ich das Leben, nehme ich wahr, was um mich herum ist, freue ich mich an der Schöpfung, an der Kunst, an mir selbst und an der Gemeinschaft. In der Muße bin ich ganz bei mir, lebe ich aus meiner Mitte heraus.

Der Engel der Ruhe möchte Dich nicht nur an Rastplätze führen, damit Du Dein Leben unterbrichst. Er möchte Dir vielmehr innere Ruhe schenken, damit Du aus Deiner Mitte heraus lebst. Wenn Du in Deiner Mitte daheim bist und dort ruhst, dann kannst Du viel tun, ohne dass Du Dich hetzen musst. Das deutsche Wort „hetzen" kommt von „hassen". Wer ständig gehetzt ist, der hasst sich selbst. Der Engel der Ruhe möchte Dich davor bewahren, Dich zu hassen. Du kannst nur Ruhe finden, wenn Du Dich liebst, wenn Du Dich so, wie Du bist, bejahst. Die wahre Kunst des Lebens besteht darin, mitten im Trubel innerlich ruhig zu bleiben, die Mitte als den ruhenden Pol in uns nicht zu verlieren. Der Hebräerbrief spricht davon, dass wir in die Sabbatruhe Gottes eingehen dürfen. Das ist das Ziel unseres Lebens. Aber schon jetzt, mitten in der unruhigen und stürmischen Fahrt unseres Lebens, haben wir den Anker unserer Seele in Gottes Ruhe befestigt. Der Anker unserer Seele verschafft uns Ruhe, auch wenn um uns herum alles drunter und drüber geht.

Ich wünsche Dir, dass der Engel der Ruhe immer bei Dir ist, dass er Dich ausruhen lässt, wenn Du wieder einmal in Hektik geraten bist. Aber Du musst selbst Rast einlegen auf den vielen Wegstrecken Deines Alltags, damit der Engel Dich in die innere Ruhe führen kann. Wenn Du Dich so in die Hetze treibst, dass Du den Engel der Ruhe neben Dir übersiehst, dann hat er auch keine Chance. Deine Seele wird zur Ruhe kommen, wenn Du mit Dir selbst gut umgehst, wenn Du aufhörst, Dich selbst zu verurteilen, wenn Du mit einem gütigen und milden Auge auf Dich und Deine aufgewühlte Seele schaust. Und Du brauchst den Mut, hinabzusteigen in die dunklen Abgründe Deiner Seele. Wenn Du auch dort das Licht von Gottes Liebe findest, dann hast Du es nicht mehr nötig, vor Dir selbst davonzulaufen. Dann kannst Du bei Dir bleiben und die Ruhe genießen. Der Engel der Ruhe wird Dir dann bestätigen: „Lasse Dich los. Du darfst so sein, wie Du bist. Ruhe Dich erst einmal aus. Dann kannst Du wieder ein Stück des Weges gehen, den Du Dir vorgenommen hast. Aber jetzt genieße die Ruhe. In ihr kommst Du mit Dir in Einklang. Wenn Du mit Dir im Einklang bist, dann bringt Dich nichts mehr aus der Ruhe."

# 21.

## Der Engel der Nächstenliebe

**ZEITUNGEN BERICHTEN** uns von Engeln der Nächstenliebe, die sich ganz und gar einsetzen für Kranke, Arme und Notleidende. Vor allem in der Dritten Welt begegnen uns solche Engel der Nächstenliebe, die ihr ganzes Leben in den Dienst der Armen stellen. Aber auch bei uns gibt es genügend Engel der Nächstenliebe. Da geht es einer Frau schlecht. Sie sieht keinen Ausweg mehr und beschließt, ihr Leben zu beenden. Da spricht sie ein Mensch an und kommt mit ihr ins Gespräch. Das war für sie ein Engel, der sie aus ihrer Selbstverstrickung befreit hat. Da ist ein alter Mann, der sich schwer tut, aus der Straßenbahn zu steigen. Eine junge Frau nimmt ihn an der Hand und hilft ihm. Der Mann erlebt sie als einen Engel. Solche Engel der Nächstenliebe sind offen für die Menschen um sich herum. Sie nehmen wahr, wo jemand Hilfe braucht. Und dann sind sie zur Stelle, ohne dass sie sich viele Gedanken machen über ihre guten Taten. Sie sind bereit, einzugreifen, wo es nötig ist. Die Voraussetzung für ihre Bereitschaft zu helfen ist der Mut, sich selbst vom anderen berühren und auch verwunden zu lassen. Denn es ist nicht immer einfach, einem zu helfen, der voller Bitterkeit und Wut ist. Da bekommt der Helfer viel negative Energie ab. Aber wenn er dem Engel der Nächstenliebe traut, dann ist die positive Energie, die ihm der Engel verleiht, stärker.

Wenn bei uns ein Priester von der Nächstenliebe predigt, dann reagieren viele eher allergisch darauf. Zu lange hat man im Christentum immer nur gefordert, den Nächsten zu lieben. Und man hat den Zusatz Jesu vergessen, dass wir ihn so lieben sollten wie uns selbst. Wir können den Nächsten nur lieben, wenn wir auch gut mit uns selbst umgehen. Manche möchten mit ihrer Nächstenliebe nur ihr schlechtes Gewissen beruhigen. Andere gönnen sich nichts. Sie haben Angst, ihre Bedürfnisse einzugestehen und zu leben. Bei ihnen wird die Nächstenliebe nur zu einer Ideologisierung ihrer autoaggressiven Haltung, dass sie sich ja nichts gönnen dürfen. Solche Formen von Nächstenliebe helfen dem anderen nicht wirklich. Wer Opfer solcher Nächstenliebe wird, der fühlt sich vereinnahmt, als Objekt behandelt. Er hat das Gefühl, dass er dafür zeit seines Lebens dankbar sein muss, dass er abhängig bleibt von dem, der ihm einmal geholfen hat.

Der Engel der Nächstenliebe will uns in eine andere Art der Liebe zum Nächsten einführen. Es ist nicht die Nächstenliebe, die wir uns vornehmen, die wir als Leistung am Abend abbuchen können. Der Engel will uns vielmehr im Augenblick sensibel machen für den Nächsten, der uns braucht. Da ist eine alte Frau, die ihren Koffer kaum tragen kann. Ich gehe einfach zu ihr und helfe ihr, nicht weil ich heute bei der Gewissenserforschung ein gutes Werk vorweisen möchte, sondern weil es eben dran ist. Natürlich spüre ich auch in mir den Impuls, weg zu sehen und meinen Weg weiterzugehen. Der Engel der Nächstenliebe gibt mir den Impuls, hinzugehen. Aber wenn ich helfe, dann nicht, damit ich mir besonders gut erscheine, sondern weil die Bedürftigkeit der Frau einfach danach schreit. Es ist das Helfen, das Jesus im Blick hat, wenn er sagt: „Wenn du Almosen gibst, soll deine linke Hand nicht wissen, was deine rechte tut" (Mt 6, 3). Die rechte Hand, die bewusste Hand, hilft, ohne dass sie darüber reflektiert, ohne dass die linke Hand, die unbewusste Seite, davon Kenntnis nimmt. Meine gute Tat prägt sich nicht in mein Unbewusstes ein als Gefühl von moralischem Gutsein oder gar von Stolz, dass ich etwas Besonderes bin.

In unseren Großstädten werden heute alte Menschen von rechtsradikalen Jugendlichen angepöbelt, und alle schauen weg. Da wird in der U-Bahn einer geschlagen, und keiner greift ein. Da bricht einer auf der Straße zusammen, und alle gehen vorüber. Da sehnen wir uns nach Engeln der Nächstenliebe, die nicht achtlos übersehen, was um sie herum geschieht, die einfach eingreifen, wo einer in Not ist, die auf einen zugehen, wenn er Hilfe braucht. Der Engel der Nächstenliebe ist an unserer Seite, wenn wir sehen, wie einer sich nicht mehr zu helfen weiß. Aber wir geben ihm oft keine Chance. Er gibt uns den Impuls, auf den anderen zuzugehen. Aber wir überhören ihn. Wir gehen weiter, wollen den Engel der Nächstenliebe von uns abschütteln, damit er uns in Ruhe lässt. Wenn wir dem Engel folgen und tun, wozu er uns ermutigt, dann erleben wir ein Gefühl von Freiheit und Freude. Dann spüren wir, dass die Nächstenliebe auch uns gut tut. Der dankbare Blick der alten Frau, des gestürzten Mannes, des hilflosen Kindes ist Geschenk genug. Wir bilden uns dann nichts ein auf unsere große Tat. Doch wir dürfen dankbar erfahren, dass die Nächstenliebe uns selbst beschenkt.

Ich wünsche Dir viele positive Erfahrungen mit Deinem Engel der Nächstenliebe. Er möge Dir die Augen öffnen, damit Du siehst, wo gerade Du gefragt bist. Der Engel der Nächstenliebe wird Dich in Berührung bringen mit einer Seite Deiner Seele, die Dir gut tut. Er lässt Deine Seele aufblühen. Er erfüllt sie mit Liebe. Du wirst Dich nicht überfordert oder verausgabt fühlen, wenn Du dem Engel der Nächstenliebe folgst, sondern wirst spüren, wie Deine Seele lebendig wird, wie sie weit wird und von Freude erfüllt wird. Ich wünsche Dir aber auch dann, wenn Du in Not bist, Engel der Nächstenliebe, die den Mut finden, auf Dich zuzugehen, in Deine Not einzutreten und mit Dir ein Stück des Weges zu wandern.

# 22.

# Der Engel der Freundschaft

IN GESPRÄCHEN mit Jugendlichen erlebe ich immer wieder, wie sehr sie sich nach einem Freund oder einer Freundin sehnen. Ein Mädchen möchte eine Freundin, mit der sie alles teilen kann, der sie erzählen kann, wie es ihr in der Schule oder daheim mit den Eltern ergangen ist. Ein Junge möchte einen Freund, der mit ihm durch dick und dünn geht. Und wenn sie keinen Freund oder keine Freundin haben, fühlen sie sich einsam, als Außenseiter, vom Leben abgeschnitten. Auch erwachsene Männer und Frauen sehnen sich nach Freunden, auf die sie sich verlassen können, die mit ihnen ihre Freuden und ihr Glück teilen, die ihnen aber auch zur Seite stehen, wenn es ihnen nicht gut geht. Für viele ist es beglückend, einen Seelenfreund, eine Seelenfreundin zu haben. Bei ihnen spüren sie, dass sie die gleiche Wellenlänge haben, dass es zwischen ihnen einfach strömt, dass sie sich gegenseitig bereichern und inspirieren. Im Gespräch mit dem Seelenfreund versteht man die eigene Seele besser, da wird einem der Reichtum der eigenen Seele erst bewusst.

Die Sehnsucht nach Freundschaft durchzieht die gesamte abendländische Geschichte. Schon die Griechen sangen das Lob der Freundschaft. Augustinus lebte aus der Freundschaft. Das gab seinem Leben erst Sinn. So sagt er von der Freundschaft: „Sine amico nihil amicum = ohne Freund kommt einem nichts freundlich vor." Aelred von Rievaulx hat im Mittelalter ein eigenes Buch über die Freundschaft geschrieben. Für ihn erfahren wir in der Freundschaft zu einem Menschen zugleich die Freundlichkeit Jesu Christi, die uns im Antlitz des Freundes begegnet. Bei einem Freund darf ich sein, wie ich bin. Ich werde nicht bewertet. Alles in mir darf sein, alles in mir ist angenommen und geliebt. Freundschaft ist immer gegenseitig. Lieben kann ich auch einen Menschen, der meine Liebe nicht erwidert. Aber Freundschaft braucht immer die Erwiderung des anderen. In der Freundschaft will ich den anderen nicht besitzen. Ich lasse ihn in seiner Andersartigkeit gelten. Und ich lasse ihm den Raum der Freiheit, den er braucht.

Freundschaft ist für Thomas von Aquin eine Tugend. Deshalb können schlechte Menschen einander nicht wirklich zum Freund werden. Freundschaft setzt immer den Glauben an das Gute im anderen voraus. Und Freundschaft verlangt, dass ich mich läutere, damit die Beziehung zum Freund oder zur Freundin immer tiefer wird. Alles, was mein Menschsein behindert, wie Ressentiments, Vorurteile, Hass, Lieblosigkeit, Egoismus, das wird auch die Freundschaft beeinträchtigen. Daher verlangt die Freundschaft, dass ich an mir arbeite. Denn in der Freundschaft möchte ich dem anderen immer näher kommen, ihn immer besser verstehen und zugleich mich seiner Freundschaft würdig erweisen. So steckt in der Freundschaft der Impuls, in meiner Menschlichkeit zu wachsen. Nur so kann die Liebe zwischen zwei Freunden aufblühen und alle Bereiche der Seele durchdringen.

Viele klagen darüber, dass sie keinen Freund haben. Freundschaft kann man nicht machen. Sie ist immer Geschenk. Bitte Deinen Engel der Freundschaft, dass er Dir Menschen zur Seite stellt, mit denen eine Freundschaft wachsen kann. Und bitte ihn, dass Du zur Freundschaft fähig wirst, dass Du den Mut findest, auf den zuzugehen, der Dich anzieht und bei dem Du spürst, dass er Dich bereichern könnte. Vielleicht hast Du schon einen guten Freund oder eine gute Freundin. Aber Du hast Angst, sie zu verlieren. Vielleicht denkst Du, Du bist zu kompliziert für Deinen Freund oder Deine Freundin, Du bist der Freundschaft nicht wert, weil Du sie mit

Deinen Problemen überforderst. Da brauchst Du den Engel der Freundschaft, der Dir Vertrauen schenkt, dass Deine Freundschaft auch durch die Konflikte und Missverständnisse hindurch immer tiefer wird, dass sie Bestand hat, auch wenn sie durch Spannungen hindurchgeht. Der Engel der Freundschaft will Dich immer tiefer einführen in die Kunst des Liebens und in das Geheimnis der Freundschaft. Und er will Dich die Dankbarkeit lehren, wenn Du einen Freund gefunden hast, in dessen Nähe Dir alles freundlich vorkommt.

# 23.

## Der Engel der Beharrlichkeit

BEHARRLICH IST, wer hartnäckig auf etwas besteht und zäh und ausdauernd für etwas kämpft. Manchmal können uns so beharrliche Menschen auf die Nerven gehen. Sie lassen nicht so leicht los. Wenn Beharrlichkeit zur Hartnäckigkeit wird, dann wirkt sie auf uns eher abstoßend. Doch Beharrlichkeit hat mit „harren" zu tun, mit warten, geduldig ausharren. Beharrlich ist der, der warten kann, der nicht gleich aufgibt. Der beharrliche Mensch lässt sich auch durch Widerstände nicht beirren. Er glaubt an den guten Ausgang. Er weiß, dass sich warten lohnt. Beharrlichkeit braucht den Glauben, dass das scheinbar Unmögliche möglich wird.

Im Matthäusevangelium sagt Jesus den Jüngern zweimal das Wort: „Wer aber bis zum Ende beharrt, der wird gerettet werden" (Mt 10, 22 und 24, 13). Das griechische Wort für beharren heißt: „hypomenein". Es hat verschiedene Bedeutungen: „warten, ausharren, ausdauern, bleiben, um einen feindlichen Angriff abzuwarten, standhalten, erdulden, ertragen". Die Beharrlichkeit hängt also mit Standhaftigkeit und mit Beständigkeit zusammen. Der standhafte Mensch lässt sich nicht so leicht umwerfen, wenn Widerstände kommen. Er steht in sich fest. Er hält fest an der einmal getroffenen Entscheidung. Er bewährt sich gegenüber Versuchungen und Anfechtungen. Der beständige Mensch ist fest in seiner Seele verankert. Er lässt sich von Launenhaftigkeit und innerem und äußerem Schwanken nicht aus der Bahn werfen. Beständigkeit lässt auf eine Festigkeit der Seele schließen. Die Lateiner nennen diese Haltung „constantia". Sie ist die große Tugend des Römertums. Thomas von Aquin bringt sie eng zusammen mit der „perseverantia", der Beharrlichkeit. Der beharrliche Mensch bleibt bei seinem Tun. Auch wenn er viele Brüche erleidet, so setzt er doch seine eigentliche Spur fort. Er geht weiter, auch wenn er über Berge von Schwierigkeiten steigen muss. Er bleibt auf seiner Spur. Zeit spielt für ihn keine Rolle. Er kann warten. Er hat das Ziel vor Augen, das „telos = Ende", von dem Jesus spricht. Wer auf das Ziel schaut und durchhält, bis er ans Ziel gelangt, der wird gerettet, dessen Leben gelingt, dessen Leben wird heil und ganz, auch wenn es zwischendurch gescheitert und zerbrochen ist.

Ich wünsche Dir den Engel der Beharrlichkeit, wenn Du in Gefahr bist, zu leicht aufzugeben, wenn Du vor einem Berg von Arbeit stehst und nicht weißt, womit Du anfangen sollst. Der Engel der Beharrlichkeit möge Dich begleiten, wenn Du ein Studium anfängst und Dich im Chaos des Universitätsbetriebes nicht auskennst, wenn Du eine Arbeitsstelle antrittst und nicht weißt, wie Du die verlangten Fertigkeiten erwerben sollst. Er möge bei Dir sein, wenn Du immer wieder an Deine Grenzen stößt. Gerade in unserer Zeit, da wir allzu leicht vor Widerständen kapitulieren und alles möglichst schnell erreicht werden soll, täte uns der Engel der Beharrlichkeit gut. Lass Dich nicht anstecken vom Geist des „sofort". Lerne warten, beharren, bleiben. Dann wird Deine Seele innere Festigkeit gewinnen. Und Dein Leben wird gelingen.

# 24.

# Der Engel der Zuverlässigkeit

EINE WOHLTAT ist es, wenn wir uns auf unseren Mitarbeiter oder die Mitarbeiterin verlassen können, wenn sie zuverlässig ihren Dienst tun. Wir brauchen uns dann keine Sorgen zu machen, ob die Arbeit schon erledigt ist. Wir brauchen nicht ständig zu kontrollieren, ob auch alles gemacht wird. Die Zuverlässigkeit der Mitarbeiter entlastet uns. Sie spart viel Energie. Wir können uns loslassen und entspannen. Wir brauchen nicht ständig zu überlegen, ob die Mitarbeiterin es auch gut genug macht, ob sie auch an die oder jene Komplikation denkt. Wir können darauf vertrauen, dass sie es gut und solide macht, dass sie alle Konsequenzen bedenkt und richtig reagiert, wenn etwas Unvorhergesehenes eintritt. Solche Mitarbeiter und Mitarbeiterinnen sind für uns Engel der Zuverlässigkeit. Sie erleichtern uns die Arbeit und das Leben.

Doch wir sollen uns nicht nur auf die Engel der Zuverlässigkeit in unserer Nähe verlassen. Der Engel der Zuverlässigkeit möchte auch uns zu einem Engel für andere machen. Wir haben in uns die Tendenz, manche Aufgaben möglichst schnell zu erledigen, weil etwas anderes für uns wichtiger ist. Wir möchten bald fertig sein, um nach Hause gehen zu können. Dann denken wir nicht an alle Konsequenzen. Wir tun, was uns aufgetragen ist. Aber wir sind mit unseren Gedanken bei anderen Dingen. So vergessen wir, was mit dem Auftrag auch noch zusammenhängt. Der Engel der Zuverlässigkeit möchte uns dazu anregen, uns ganz auf die Arbeit einzulassen, unsere Gedanken an andere Dinge zu lassen, uns selbst mit unseren eigenen Problemen loszulassen. Nur dann sind wir frei, unseren Auftrag gewissenhaft und sorgfältig zu erfüllen. Zuverlässigkeit ist etwas anderes als die Angst vor Fehlern, die sich bei der Arbeit einschleichen könnten. Zuverlässigkeit hat etwas mit Freiheit und mit Vertrauen zu tun. Ich bin frei für die Arbeit, die ich gerade tue. Ich lasse mich darauf ein. Ich bin mit meinem ganzen Denken und Fühlen bei der Arbeit. Sie macht mir Spaß. Ich erledige sie gut. Dann fühle ich mich selbst gut. Und bei dem, der mir die Arbeit anvertraut hat, wächst das Vertrauen. Er fühlt sich auch frei. Er muss nicht darüber nachgrübeln, ob er mir auch alles genau erklärt und mich auf alle Probleme aufmerksam gemacht hat. Er weiß, dass er sich auf mich verlassen kann.

Wir rechnen alle mit dem Engel der Zuverlässigkeit bei den Busfahrern, den Briefträgern, den Handwerkern, den Verkäufern. Wir möchten uns auf die verlassen, auf deren zuverlässige Arbeit wir angewiesen sind. Wenn wir alles kontrollieren müssen, was der Elektriker in unserer Wohnung installiert oder was der Heizungsmonteur repariert, ärgern wir uns. Es kostet soviel Energie. Und es hinterlässt Misstrauen. Wir müssen die Rechnung prüfen, ob nicht zuviel berechnet worden ist. Wir müssen nach möglichen Mängeln sehen, damit wir rechtzeitig reklamieren können. Leider wird in vielen Firmen der Engel der Zuverlässigkeit heute nicht mehr geschätzt. Da ist es wichtiger, möglichst schnell eine Arbeit zu erledigen. Für die Fehler ist dann die Rechtsabteilung zuständig. Und die kann uns dann schon davor bewahren, dass wir unsere Unzuverlässigkeit büßen müssen. In so einem Geschäftsklima sehnen wir uns nach dem Engel der Zuverlässigkeit. Wir möchten uns verlassen können auf den Handwerker und seine Rechnung, auf den Milchmann, den Bäcker und den Metzger. Daher kaufen wir lieber bei denen, denen wir vertrauen, bei denen wir sicher sind, dass sie gute Ware haben.

Ich wünsche Dir in Deiner Nähe viele Engel der Zuverlässigkeit. Auf wen Verlass ist, der gibt Dir Zuversicht. Auf den kannst Du vertrauen. Wer gewissenhaft seine Arbeit verrichtet, auf den kannst Du Dich verlassen. Bei ihm fühlst Du Dich sicher. Der Engel der Zuverlässigkeit möge Dich selbst in die bescheidene Tugend der Zuverlässigkeit führen. Dann werden sich die Menschen an Dir freuen. Und Du selbst wirst mit gutem Gewissen gewissenhaft Deine Arbeit tun, im Wissen darum, dass es den anderen gut tut und dass sie es Dir danken werden. Wenn sie sich auf Dich verlassen können, dann wirst Du ein Klima des Vertrauens erzeugen, in dem sich nicht nur die anderen, sondern auch Du selbst wohl fühlen wirst.

# 25.

# Der Engel des Freimuts

MIT „FREIMUT" übersetzen wir den griechischen Begriff der „parrhesia". Für die Griechen war die „parrhesia" Errungenschaft ihrer Demokratie. Es bedeutete Redefreiheit, Offenheit, den Mut, das zu sagen, was man denkt. Für uns ist das Recht auf Redefreiheit selbstverständlich. Aber trotzdem mangelt es uns oft genug am Freimut. Unser Gemüt ist nicht frei, das auszudrücken, was es fühlt. Wir richten uns in unserem Reden nach den Erwartungen der anderen. Wir denken uns aus, was der andere denken könnte, wenn wir das oder jenes sagen. Wir sind diplomatisch und überlegen uns genau, welche Folgen unsere Worte haben könnten. So sagen wir nicht, was uns das Gemüt eingibt, sondern was die anderen von uns erwarten. Wir sind nicht frei, sondern abhängig von den Erwartungen und Reaktionen der anderen. Damit aber machen wir uns wieder zu Untertanen von irgendwelchen Königen und Kaisern, nicht von politischen Königen, doch von den Menschen, denen wir Macht über uns geben.

Ich ärgere mich über einen Mitarbeiter. Aber ich habe nicht den Mut, ihm frei heraus zu sagen, was mich an ihm stört. Ich rede lieber mit anderen über ihn, schimpfe, wie unmöglich er ist, wie er mir das Leben schwer macht. Da müßte ich auf den Engel des Freimuts hören, der mir den Impuls gibt, offen anzusprechen, was zwischen uns steht. Freimut besteht allerdings nicht darin, unkontrolliert meinen ganzen Ärger auszubreiten und dem anderen alles an den Kopf zu werfen, was sich in mir angestaut hat. Denn das wäre kein Zeichen von Freiheit. Freimut meint, frei zu sein von der Angst vor den

Reaktionen des anderen, aber genauso auch frei zu sein von dem inneren Druck, der sich in mir aufgebaut hat. Ich muss in innerer Freiheit entscheiden, was ich sagen möchte, was für unsere Beziehung und für den Konflikt angemessen ist. Wenn ich dem anderen alles an den Kopf werfe, was in mir ist, dann bin ich nicht frei für den anderen. Ich werde vielmehr bestimmt von den Ressentiments, die sich in mir angesammelt haben. Ich spreche dann nicht zu meinem Mitarbeiter, sondern sehe in ihm alle Menschen, die mich einmal geärgert haben: Vater, Mutter, Lehrer, Pfarrer, Schulkameraden, Freunde, Feinde usw. Ich habe keinen freien Blick für den anderen, sondern sehe ihn durch meine von Verletzungen getrübte Brille.

Ich spüre, dass ein Freund, eine Freundin in seelischen Nöten steckt. Irgendetwas blockiert sie. Es geht ihnen nicht gut. Ich sehe, wie sie an ihrer Wahrheit vorbeileben. Aber ich traue mich nicht, sie anzusprechen. Ich denke, vielleicht machen sie schon Therapie. Dort werden sie sicher alles ansprechen, was sie belastet. Vielleicht ist es ihnen unangenehm, wenn ich sie so offen auf ihre Situation hinweise. Vielleicht verletze ich sie damit. Und schon verlässt mich mein Mut, und ich bin lieber still. Da bräuchte ich den Engel des Freimuts, der mir Mut macht, die Worte zu sagen, die mir auf der Zunge liegen. Ich muss auch während des Gesprächs immer wieder mit dem Engel des Freimuts Kontakt aufnehmen, damit ich nicht sofort bei der ersten abweisenden Reaktion aufgebe. Der Engel des Freimuts zeigt mir, dass der Widerstand des Freundes nur Ausdruck seiner Sehnsucht ist, seine Situation wirklich einmal offen auszusprechen. Der Engel des Freimuts schenkt mir einen langen Atem, der warten kann, bis der andere die Schwelle seiner Angst überschreitet. Der Engel an meiner Seite bringt mich in Berührung mit der inneren Ahnung meiner Seele, dass die eigene Freiheit auch die Freiheit des anderen hervorlockt. Und so ermöglicht der Engel der Freimut ein Gespräch, vor dem wir beide Angst hatten, das aber nachher bei uns ein Gefühl der Freiheit, der Freude und der Dankbarkeit hinterlässt.

# 26.

## Der Engel der Verbindlichkeit

**WENN EINE HAUSREPARATUR** ansteht, dann bitten wir einige Firmen um ein unverbindliches Angebot. Wir haben Angst, dass die Firma aus dem Wunsch nach einem Angebot schon eine Verbindlichkeit herausliest. Wie sieht es in unserem eigenen Leben aus? Die Gefahr besteht darin, dass wir in einer Zeit unverbindlicher Angebote auch persönlich unverbindlich leben. Wir wollen unser eigenes Angebot zu leben nur unverbindlich abgeben. Doch unverbindliche Angebote bringen noch keinen Auftrag. Manche Firmen gehen in Konkurs, weil sie immer nur unverbindliche Angebote schreiben, aber nie zum Zug kommen. Damit unser Leben gelingt, müssen wir verbindlich leben. Wir müssen uns an ein Lebenskonzept binden. Wir können nicht immer nur im Experimentierstatus bleiben. Es braucht die verbindliche Zusage, dass wir Ja sagen zu unserem Leben und dieses Leben nach unseren Möglichkeiten gestalten und formen.

Viele Vereine klagen heute darüber, dass sich die Menschen nicht mehr binden wollen. Sie wollen unverbindlich mal hereinschauen und so lange mitmachen, wie es ihnen Spaß macht. Aber keiner lässt sich in eine Verantwortung einbinden. Verbindlichkeit verlangt die Bereitschaft, mich an eine Aufgabe, an eine Gemeinschaft, zu binden, mich zu verpflichten, für diese Aufgabe bereit zu stehen und zu dieser Gemeinschaft zu stehen. Doch das kann ich nur, wenn ich die Wichtigkeit der Aufgabe oder wenn ich den Wert einer Gemeinschaft erkannt habe. Viele haben Angst, sich durch eine Verpflichtung festzulegen. Sie wollen offen bleiben für das

Neue, das sich in ihrem Leben ergeben könnte. Verbindlichkeit ist kein Gegensatz zur Offenheit. Es sind zwei Pole, die wir beide brauchen, um angemessen leben zu können. Aber wenn ein Pol ausgeklammert wird, verlieren wir unser Gleichgewicht. Wenn ich immer nur offen bleiben möchte für Neues, werde ich nie durch eine Türe hindurchgehen. Und irgendwann werde ich vor lauter verschlossenen Türen stehen. Wenn ich mich nur mit Verpflichtungen eindecke, werde ich daran ersticken. Ich brauche beides: die Verbindlichkeit und die Freiheit, etwas Neues zu beginnen, wenn es wirklich ansteht. Aber wer aus lauter Angst vor der Beengung jeder Verbindlichkeit aus dem Weg geht, der wird nie wachsen. Vor allem aber können wir als Gemeinschaft nicht überleben, wenn sich Menschen nicht mehr verpflichten lassen.

Der Engel der Verbindlichkeit möchte Dir Mut machen, Dich an eine Aufgabe zu binden, wenn Du ihren Sinn erkannt hast. Er begleitet Dich, wenn Du Dich an einen Menschen gebunden hast. Er wird Dir zeigen, dass die verbindliche Beziehung, die Du mit einem Menschen eingegangen bist, Dich nicht einengen sondern in die innere Freiheit führen wird. Denn innerhalb der Verbindlichkeit wirst Du viele wertvolle Erfahrungen machen. Du wirst Dich reiben mit Deinem Partner oder Deiner Partnerin. Aber durch die Konflikte hindurch wirst Du reifen und weit werden. Du weißt, wie gut es Dir selber tut, wenn sich ein Mensch Dir gegenüber verbindlich äußert oder wenn er sich gar ein Leben lang an Dich bindet. Dann fühlst Du Dich geborgen und getragen, aber zugleich auch herausgefordert und zum Leben verlockt. Ich wünsche Dir, dass Dir der Engel der Verbindlichkeit Mut schenkt, Dich zu binden und Dich einbinden zu lassen. Und ich wünsche Dir, dass Du für andere zu einem Engel wirst, wenn Du Dich an sie und ihre Ziele bindest und ihnen so Hoffnung und Zuversicht für die Zukunft schenkst.

# 27.

## Der Engel des Dienens

**DIENEN IST HEUTE** bei vielen nicht mehr gefragt. Ich will nicht dienen, ich will über mich selbst in Freiheit bestimmen. Ich will, dass mein Leben gelingt, dass ich ganz ich selbst bin und mich verwirklichen kann. Aber wer nicht dient, macht sich auch nicht verdient. Und er wird ohne Dienen nicht genügend verdienen, um seinen Lebensunterhalt bestreiten zu können. Das griechische Wort, das die Bibel meistens mit „dienen" übersetzt, lautet „diakonein". Es meint eigentlich den Tischdienst. Wer bei Tisch dient, der dient dem Leben, der nährt, der lockt Leben hervor. Das ist wohl die eigentliche Bedeutung von dienen: Leben wecken, Leben in den Menschen hervorlocken. Dienen ist also etwas Aktives. Wenn ich einem diene, mache ich mich nicht klein, sondern ich diene dem Leben, ich bin aktiv und kreativ und suche nach dem Schlüssel, um im anderen Leben hervorzulocken. Jesus sagt, dass bei uns der Führende, der Vorangehende, der Diener sein soll. Wer andere Menschen führt, dient ihnen, er weckt in ihnen Leben.

Im Lateinischen heißt dienen: Knecht sein (servus und servire). Die Germanen haben diese Bedeutung übernommen. Dienen kommt eigentlich von laufen. Der Diener ist der Läufer, der von einem Herrn zum anderen läuft, um ihm den Auftrag oder die Botschaft seines Herrn zu vermitteln. Im Laufe der Zeit hat dieses Wort eine eher negative Bedeutung bekommen. Einen „Diener" machen heißt: sich unterwürfig vor dem Herrn verbeugen, sich klein machen. Aber wenn ich die germanische Bedeutung ernst nehme, dann ist der Diener als Läufer auch etwas Aktives. Er verbindet zwei Menschen miteinander. Er hilft, dass sie miteinander kommunizieren können. Er dient dem Gespräch, dem Miteinander. Er fördert den Austausch zwischen den Menschen. Er bewirkt, dass es zwischen zwei Parteien hin- und herläuft. Wenn der Informationsfluss gut läuft, dann gelingt eine Gemeinschaft, dann wird eine Firma gut zusammenarbeiten und auch nach außen hin Erfolg haben.

Der Engel des Dienens ist der Engel, der in uns Leben weckt und unser Gespräch ermöglicht. Was heißt das konkret? Keiner von uns ist immer in der Rolle des Dieners im Sinne eines Menschen, der anderen untertan ist. Der Engel des Dienens möchte uns vielmehr von Fall zu Fall ermuntern, durch unser Dienen in einem Menschen Leben zu wecken und den gemeinsamen Austausch zu fördern. Ich sehe, dass in meiner Abteilung etwas klemmt. Ich kann darüber hinwegsehen oder die Aufgabe dem Chef zuschieben. Wenn ich auf den Engel des Dienens höre, dann gehe ich auf die Menschen zu, die sich gegenseitig blockieren. Ich biete ihnen meinen Dienst an, gemeinsam mit ihnen das Problem anzuschauen und zu besprechen. So wünsche ich Dir den Engel des Dienens an Deiner Seite. Er wird Dir den Blick schärfen, wo Du Leben in einem Menschen hervorlocken kannst und wo Du die eingerostete Kommunikation zwischen Menschen und Gruppen wieder zum Laufen bringst. Und ich wünsche Dir Menschen, die für Dich zum Engel des Dienens werden, die in Dir Leben wecken und Dein Gespräch wieder fließen lassen.

# 28.

# Der Engel der Wachsamkeit

**ANFORDERUNGEN DES LEBENS** aus dem Weg zu gehen und sich in den Schlaf zu flüchten – wer kennt nicht diese Tendenz? Viele entziehen sich der Herausforderung des Augenblicks durch Illusionen, die sie sich vom Leben machen, oder durch Betäubung mit Alkohol oder Drogen. Jesus kennt die Neigung des Menschen, einfach dahinzuleben, ohne sich Gedanken zu machen. Immer wieder ruft er zur Wachsamkeit auf: „Seid also wachsam!" (Mk 13,35). Die Wachsamkeit, zu der Jesus auffordert, hat drei Aspekte. Da ist zum einen die Wachsamkeit im Augenblick. In jedem Augenblick pocht Gott an unsere Türe. Es sind die leisen Impulse, mit denen er uns darauf aufmerksam macht, was gerade das Gebot der Stunde ist. Da spüren wir im Innern, dass wir auf diesen Menschen zugehen und ihn ansprechen sollten. Aber schon verdrängen wir diese leise Stimme. Oder wir tun das, was die Psychologen „Rationalisierung" nennen. Wir finden viele Gründe, warum es nicht angebracht ist, das zu tun, wozu uns die innere Stimme antreibt. Wachsamkeit im Augenblick meint, dass ich ganz präsent bin, dass ich mich auf den gegenwärtigen Augenblick ungeteilt einlassen kann, ohne an Vergangenes zu denken oder schon die Zukunft zu planen.

Der zweite Aspekt der Wachsamkeit ist das Wachen gegenüber dem Bösen, gegenüber destruktiven Gedanken und Gefühlen, die von uns Besitz ergreifen möchten. Jesus vergleicht uns mit dem Türhüter, dessen wichtigste Aufgabe es ist, „wachsam zu sein" (Mk 13,34). Das Bild des Türhüters war im frühen Mönchtum beliebt. Wir sollen an der Türe unseres inneren Hauses sitzen und jeden Gedanken, der bei uns eintreten möchte, befragen, ob er zu uns gehört oder zu unseren Gegnern. Wachsamkeit heißt also, dass wir Acht geben auf das, was auf uns einströmt. Wir sollen nicht jedem Gedanken und jeder Emotion Zutritt gewähren. Denn sonst würden sie sich bald als Hausbesetzer entpuppen, die uns das Leben in unserem Lebenshaus schwer machen und uns immer mehr herausdrängen aus unserer Mitte. Wenn wir nicht wachsam sind, schleicht sich vieles in uns ein, das uns von unserem bewussten Weg abbringt. Und auf einmal merken wir dann, dass wir gar nicht mehr selber leben, sondern von unbewussten Kräften gesteuert werden. Oder wir spüren, dass wir nicht selber Herr in unserem Hause sind, sondern von Unzufriedenheit und Bitterkeit, von Angst und Depression beherrscht werden, die sich als Untermieter bei uns eingeschlichen und nun die Herrschaft in unserem Haus an sich gerissen haben.

Jesus ruft uns zur Wachsamkeit, weil der Herr des Hauses zu jeder Stunde kommen könnte. Die frühen Christen rechneten jeden Augenblick mit dem Ende der Zeit. Es geht aber nicht darum, über das Ende der Welt zu spekulieren. Im Tod kommt der Herr zu Dir. Dann ist für Dich Ende der Zeit. Dann ist für Dich die Zeit vollendet und die Ewigkeit bricht für Dich an. Obwohl wir wissen, dass unsere Zeit irgendwann zu Ende sein wird, wiegen wir uns in der Illusion, als ob es immer so weitergeht. Wachsamkeit heißt: Aufwachen zur Wirklichkeit, Aufwachen aus dem Schlaf der Illusionen, damit Du Dich der Realität stellen kannst. Der Mystiker ist der „Aufgewachte, Aufgeweckte". Er ist in Berührung mit der Wirklichkeit. Er hat ein Gespür dafür, was es heißt, zu leben, zu atmen, zu sprechen, zu hören, zu sehen, Menschen zu begegnen und das Geheimnis jeden Augenblicks zu verkosten.

Der Engel der Wachsamkeit möge Dich begleiten, damit Du jeden Augenblick bereit bist, auf die leisen Stimmen Deines Herzens zu hören und das zu tun, was gerade jetzt für Dich ansteht. Und der Engel der Wachsamkeit soll bei Dir sein, wenn sich Dein Denken und Handeln einzutrüben beginnt durch die trüben Wasser, die in Dein Haus eindringen möchten. Ich wünsche Dir den Engel der Wachsamkeit, damit Du jeden Augenblick gleichsam als den letzten und wichtigsten Augenblick Deines Lebens wahrnimmst, dass Du ganz im Augenblick sein kannst, dass Du ganz gegenwärtig bist. Dann bist Du nicht nur im Augenblick, sondern auch in Gott, der der immer gegenwärtige Gott ist.

# 29.

## Der Engel der Ausgeglichenheit

**VON EINEM MENSCHEN** sagen wir, er sei ausgeglichen, wenn er sich nicht so leicht aus der Ruhe bringen lässt, wenn er immer gleich gut gelaunt ist, wenn er Frieden ausstrahlt. Er macht keinen zerrissenen Ausdruck. Er lässt sich nicht hin und her zerren. Er ist mit sich im Einklang. Er ist immer gleich, hat immer die gleiche Gestalt, die gleiche Stimmung, die gleiche Zufriedenheit. Du kannst mit ihm rechnen und Dich auf ihn verlassen. Du brauchst keine Angst zu haben, dass er Dir mit seiner schlechten Laune alles verdirbt. Wenn Du ihn ansprichst, weißt Du, dass er nicht explodiert, sondern in aller Ruhe anhört, was Du ihm sagst. Es geht von ihm etwas Friedliches aus. In seiner Nähe kommst Du selbst in Ordnung. Deine aufgewühlte Seele beruhigt sich, und Du wirst neben ihm selber ausgeglichen.

Wir sehnen uns nach solcher Ausgeglichenheit. Zugleich wissen wir, wie schnell wir aus dem Gleichgewicht zu bringen sind. Jemand braucht uns nur zu kritisieren. Schon wollen wir uns rechtfertigen und verteidigen. Oder aber wir verlieren die Fassung, fangen an zu weinen oder zu schreien. Die Ausgeglichenheit ist etwas anderes, als „cool" zu reagieren. Bei jungen Menschen ist es heute beliebt, cool zu sein, keine Gefühlsregung zu zeigen, alles an sich ablaufen zu lassen. Aber dieses „cool sein" wird erkauft durch Kälte und Starre. Man baut einen Panzer aus Beton um sich herum auf, durch den niemand dringen kann. Beton ist auch immer gleich, aber eben gleich kalt, leblos, abstoßend, verschlossen.

## DER ENGEL DER AUSGEGLICHENHEIT

Die Lateiner bezeichnen die Ausgeglichenheit mit „aequo animo".
„Aequo animo" zu sein, gleichmütig zu sein, das ist das Ideal der
stoischen Philosophie. Der gleichmütige Mensch ist gelassen, frei
von Affekten. Er lässt sich von seinen Emotionen nicht hinreißen.
Er strahlt innere Ruhe aus. Bei ihm ist die Seele im Gleichklang, im
Einklang mit sich selbst. Sie hat immer die gleiche Gestalt. Sie hat
in sich Festigkeit und Klarheit und passt sich nicht den äußeren
Einflüssen an. Sie ruht in sich. Die Lateiner sprechen von der Seele
nicht nur als „anima", sondern auch als „animus". Anima meint
eher die Seele als Atem und Hauch, während animus die Seele als
den Sitz der Empfindungen und der Gefühle, der Affekte und Leidenschaften versteht. Die Seele ist „aequus", gleich, eben, gelassen,
frei von Affekten. Die Seele wird nicht von außen bestimmt, sondern sie hat ihre eigene Qualität, die Qualität von Frieden, Heiterkeit, Leichtigkeit. „Aequus" heißt auch: „billig, freundlich, recht".
Der ausgeglichene Mensch ist ein freundlicher Mensch, einer, der
immer Heiterkeit und Freundlichkeit ausstrahlt. Da stimmt die
Seele mit sich selbst überein. Da ist die Seele wie ein ruhiger See.
In ihm kann man mit Genuss schwimmen. Ihn kann man betrachten und wird davon selber ruhig. Wenn in das ruhige Wasser etwas
fällt, gibt es zwar Wellen. Aber schon nach kurzer Zeit schwingen
die Wellen aus. Die Unruhe verebbt in der Ruhe des Sees.

Der ausgeglichene Mensch wird auch die Wogen ausgleichen, die
um ihn herum sich auftürmen. Er wird in einem Konflikt zwischen
zwei Menschen oder Gruppen ausgleichend wirken. Er wird nicht
Öl ins Feuer gießen, sondern die Flamme dämpfen. Er wird sehen,
wie wieder ein Gleichgewicht hergestellt werden kann, damit die
Bedürfnisse beider Parteien zu gleichen Teilen erfüllt und zurück-
gewiesen werden. Die Ausgeglichenheit ist eine Fähigkeit, die man
nicht einfach durch Disziplin erwerben kann. Da muss schon ein
Engel in unserer Seele wirken, damit er die Turbulenzen in unserem Inneren ausgleicht. Ein Engel muss Ausgleich schaffen zwi-

schen unseren Befriedigungen und Frustrationen, zwischen Genießen und Verzichten, zwischen Nähe und Distanz, zwischen Fröhlichkeit und Traurigkeit.

Bitte den Engel der Ausgeglichenheit, dass er über Deine Seele wacht, dass er Deiner Seele zu ihrer wahren Gestalt verhilft, dass er die Unebenheiten Deiner Seele ausgleicht, damit Du ausgeglichen durchs Leben gehen kannst, mit Gleichmut (aequo animo) und innerem Frieden. Dann wirst Du auch ausgleichend wirken, wo immer Du bist. Du wirst nicht spalten, sondern verbinden, nicht anheizen, sondern dämpfen, nicht Unterschiede schaffen, sondern Ausgleich.

# 30.

## Der Engel der Toleranz

TOLERANZ kommt von „tolerare = tragen, ertragen, eine Last tragen, dulden". Der Tolerante ist bereit, auch den anderen zu tragen und zu ertragen, wenn er anders denkt als er. Toleranz bedeutet daher die Bereitschaft, Menschen mitzutragen, die nicht auf unserer Wellenlänge liegen. Gemeint sind Weitherzigkeit und Respekt vor dem Menschen, der eine andere Meinung und Glaubensüberzeugung vertritt als wir selbst. Lessing hat in seinem „Nathan der Weise" die Toleranz, die Duldsamkeit gegenüber anderen religiösen Bekenntnissen, als Zeichen des aufgeklärten und weisen Menschen gepriesen. In unserem Verständnis ist sie ein Kennzeichen wahrer Humanität. Wenn sie verloren geht, fällt der Mensch zurück in die Barbarei. Der engstirnige Fanatiker sieht in jedem Andersdenkenden einen schlechten Menschen. Der Tolerante achtet jeden mit seiner Meinung. Toleranz ist als Tugend der Mitmenschlichkeit gerade in unserer pluralistischen Gesellschaft gefragt. Ohne Toleranz wäre unsere Gesellschaft nicht fähig, zu überleben. Es geht nicht um Übereinstimmung mit dem anderen, sondern um die Haltung, die sich bemüht, den anderen zu verstehen. Auch Gleichgültigkeit ist nicht gemeint, wohl aber ein Interesse am anderen, an dem, was mir zunächst fremd ist. Toleranz bedeutet auch keineswegs Standpunktlosigkeit, im Gegenteil. Sie verlangt vielmehr einen klaren und festen Stand. Nur wenn ich einen guten Stand habe, kann ich den anderen halten. Sonst würden wir beide im Strudel der Beliebigkeit untergehen. Was diese Haltung allerdings verlangt, ist Respekt vor dem anderen. Der tolerante Mensch versucht, den anderen zu verstehen, ihn so stehen zu lassen, wie er ist. Er lässt seine Vorurteile los, mit denen wir oft unbewusst die anderen festlegen, so dass sie sich nicht mehr bewegen können.

Religionen werden heute gerne mit dem pauschalen Verdacht der Intoleranz überzogen. In allen Religionen wurde aber immer wieder auch das Lob der Toleranz gesungen. Wenn im Islam die Gastfreundschaft dem Fremden gegenüber und die Bevorzugung des Gastes zum religiösen Gebot wurde, dann ist das heute auch noch ein Modell, wie etwa unterschiedliche Religionen im Gespräch miteinander umgehen können, ohne sich mit gegenseitigen Wahrheitsansprüchen zu überfordern. Im Dialog sind wir die Gäste des anderen und nehmen zunächst einmal das dankbar an, was er als Gastgeber uns anbietet. Wir richten unsere Gedanken erst einmal auf das Gute des anderen und bemühen uns, auch das Gemeinsame zu sehen. Dann entstehen wie von selber Brücken, auf denen man sich begegnen kann. Wer tolerant ist, sieht Verschiedenheit und Anderssein nicht als Bedrohung, sondern als Gnade und als Anstoß, auf den anderen zuzugehen. „Bereichern wir uns gegenseitig mit unserer Verschiedenheit", hat der französische Dichter Valery gesagt. Auch im Christentum gibt es diesen Impuls zur Toleranz von Anfang an. Jesus hat uns dazu aufgerufen. Gegenüber den Rigoristen, die am liebsten alle aus der kirchlichen Gemeinschaft hinauswerfen würden, die nicht ihren Normen entsprechen, mahnt er uns, Unkraut und Weizen bis zur Ernte wachsen zu lassen. Dann erst wird die Scheidung sein (vgl. Mt 13, 24–30). Uns steht es nicht zu, die Menschen zu beurteilen oder gar zu verurteilen. Der Tolerante kann warten. Er hofft, dass der andere seinen Weg findet, auch wenn er anders ist als der eigene. Er vertraut darauf, dass der Nächste auch über Irrwege und Umwege zu dem Weg findet, der ihn zum Leben führt. Jesus führt Gott selbst als Beispiel für die Toleranz an, die wir einander erweisen sollen. Gott „lässt seine Sonne aufgehen über Bösen und Guten, und er lässt regnen über Gerechte und Ungerechte" (Mt 5, 45). So sollen auch wir die Sonne unseres Wohlwollens über alle Menschen scheinen lassen. Dann kann auch in den vermeintlich Bösen eine gute Saat aufgehen. Denn woher wissen wir, warum der andere Böses tut? Vielleicht tut er es aus Verzweiflung. Vielleicht verletzt er andere, weil er selbst verletzt worden ist und seine Verletzungen nur dadurch ertragen kann, dass er sie weitergibt.

Es ist nicht so leicht, tolerant zu sein. Bevor wir uns versehen, hat sich schon ein Vorurteil über den anderen gebildet. Er ist uns unsympathisch. Wir sehen ihn mit unserer dunkel gefärbten Brille und entdecken in ihm nur Unangenehmes. Wir sehen ihn nicht so, wie er ist. Vielmehr sehen wir in dem unsympathischen Mann alle Männer, die uns in unserer Lebensgeschichte verletzt haben: Vater, Großvater, Bruder, Lehrer, Pfarrer, Nachbar, Vorgesetzte. Wir können nichts dafür, dass so ein Vorurteil in uns auftaucht. Noch bevor wir denken, ist es schon in uns da. Toleranz heißt also, dass wir dem anderen trotz unserer Erfahrungen eine Chance geben, dass wir nicht bewerten. Das Vorurteil ist da. Ich schaue es an und ärgere mich nicht darüber. Aber ich distanziere mich gleichzeitig davon. Ich verbiete mir, über den anderen zu urteilen. Ich gewähre ihm den Raum, den er braucht, um sich zu zeigen, wie er in Wirklichkeit ist.

Die Seele ist voll von Vorurteilen und Ressentiments, von Enge und Verurteilung. Daher brauchen wir den Engel der Toleranz, der unsere Seele befreit von allen Eintrübungen unserer Lebensgeschichte. Ich wünsche Dir, dass Dir der Engel der Toleranz immer schnell zur Seite steht, wenn in Dir ein negatives Bild von Deinem Mitmenschen hochkommt. Der Engel möchte Dich hinweisen auf seine unantastbare Würde. Er bewegt Dich dazu, dass Du auch über ihn die Sonne Deines Wohlwollens scheinen lässt und dass Du den Regen Deiner Liebe über ihn regnen lässt, damit Gottes Leben auch in ihm zur Blüte kommen kann.

# 31.

## Der Fest-Engel

„MAN MUSS DIE FESTE FEIERN, wie sie fallen", sagt das Sprichwort. Und von Goethe stammt das Wort: „Tages Arbeit! Abends Gäste! Saure Wochen! Frohe Feste!" Feste sind eine willkommene Abwechslung im grauen Alltag. Wer die Feste übergeht, der geht an einer wichtigen Quelle seiner eigenen Lebendigkeit und Lebensfreude vorbei. Es gibt verschiedene Qualitäten von Festen. Da gibt es die Feten. Fete kommt aus der Studentensprache und ist seit dem 18. Jahrhundert bezeugt. Eine Fete feiert man, weil man dazu gerade Lust hat. Natürlich sucht man sich oft genug einen Anlass, den Geburtstag eines Kommilitonen oder ein bestandenes Examen. Oft gibt es auch spontane Feten, die häufig die schönsten sind. Bei solchen Gelegenheiten können sich die besten Gespräche ergeben. Und es gibt die lange geplanten Feste, die Feste zur Verabschiedung des Firmenchefs, die Feste zu einem runden Geburtstag. Da kommt es ganz darauf an, ob man das Fest nur mit äußerem Pomp feiert oder ob die Einladenden kreativ waren und das Fest mit einem liebevollen Herzen vorbereitet haben.

Vom Ursprung her hat Fest immer eine religiöse Bedeutung. Im Fest bricht Gott in unser Leben ein. Im Fest feiern wir die Zustimmung zu unserem Leben. Und wir drücken im Fest unsere Sehnsucht aus nach Heimat und Geborgenheit, nach gelingender Gemeinschaft. Wir spüren, dass unser Leben wertvoll ist. Die griechische Philosophenschule der Stoa meinte, unser Leben sei ein beständiges Fest. Wir feiern jeden Augenblick das Geheimnis unseres Lebens, das Einswerden mit Gott. Jedes Fest hat etwas von einem Hochzeitsfest an sich. Gott feiert mit uns Hochzeit. Gott selbst verbindet sich mit uns und unserem Leben. Daher ist es angemessen, immer wieder ein Fest zu feiern, um uns zu vergewissern, wer wir eigentlich sind, dass unser Leben sich nicht beschränkt auf Arbeiten und Essen, sondern offen ist auf einen weiten, auf einen göttlichen Horizont hin.

Jeder von uns kennt gelungene Feste, an die er sich gerne erinnert. Da ist das Herz weit geworden. Da war eine dichte Atmosphäre. Da sind Menschen zusammengewachsen, die vorher getrennt nebeneinander herlebten. Da ist der Sinn des Daseins aufgeleuchtet. Aber jeder hat auch schon Feste erlebt, die danebengingen, die zuletzt schal wurden. Die Leute haben zuviel Alkohol getrunken. Statt zu feiern, haben sie sich gestritten. Im Rausch kam all das Unaufgearbeitete aus ihnen heraus. Sie wurden unflätig und unangenehm. Viele gutgemeinte Feste misslingen. Da bleibt alles steif und künstlich. Da wirkt alles unecht und aufgesetzt. Manche können nur mit viel Geld ein Fest feiern. Aber inhaltlich bleibt es armselig. Die Reden sind langweilig und leer. Es gibt keine Rituale, die die Menschen miteinander verbinden.

Da bräuchten wir den Fest-Engel, der uns dazu befähigt, ein Fest zu feiern, das unserem Leben Sinn stiftet, das unser Herz erhebt, das uns miteinander verbindet und eine Atmosphäre erzeugt, in der sich alle wohl fühlen, in der alle spüren: Es lohnt sich zu leben. Es ist gut, dass wir miteinander feiern. Unser Leben ist wertvoll. Und unser Miteinander ist ein Geschenk. Der Fest-Engel möchte Deine Seele beflügeln, dass sie Phantasie entwickelt, ein Fest zu feiern, das die Feiernden verbindet, das ihnen ihre gemeinsame Wurzel aufzeigt und ihnen Freude aneinander schenkt. Der Fest-Engel tut Deiner Seele gut. Er führt sie an die Quelle, aus der sie schöpfen kann, an den Ort, an dem sie mit ihrem Ursprung und mit ihrem wahren Wesen in Berührung kommt.

Es gibt nicht nur den Fest-Engel, sondern auch den Festtagsdämon. Gerade an Festen wie Weihnachten und Ostern gibt es in den Familien am meisten Streit. Sie möchten miteinander feiern. Aber es gelingt ihnen nicht. An so einem Fest spüren sie, wie ihr Leben seine Wurzel verloren hat, wie es leer geworden ist und schal. Sie können die unter der Decke schwelenden Konflikte nicht mehr verbergen. An den Festtagen treten sie offen zutage. Man möchte an Weihnachten den Frieden in der Familie feiern. Aber man ist ohnmächtig, diesen Frieden durch das Fest herbeizuführen. Bei manchen gerät das Fest aus den Fugen, weil sie keine guten Rituale haben, wie sie feiern könnten. Da trauert man der Stimmung nach, wie man früher Weihnachten gefeiert hat. Es kommt eine Wehmut hoch, in der man umso stärker die Trostlosigkeit spürt, in die man geraten ist.

So wünsche ich Dir, dass der Fest-Engel Dich vor dem Festtagsdämon bewahrt und dass er Dir Feste ermöglicht, die Dein Leben erhellen, von denen Du noch lange zehren kannst.

# 32.

## Der Engel der Solidarität

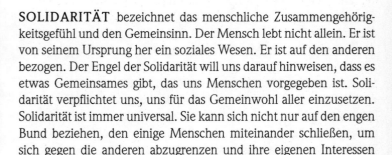

SOLIDARITÄT bezeichnet das menschliche Zusammengehörigkeitsgefühl und den Gemeinsinn. Der Mensch lebt nicht allein. Er ist von seinem Ursprung her ein soziales Wesen. Er ist auf den anderen bezogen. Der Engel der Solidarität will uns darauf hinweisen, dass es etwas Gemeinsames gibt, das uns Menschen vorgegeben ist. Solidarität verpflichtet uns, uns für das Gemeinwohl aller einzusetzen. Solidarität ist immer universal. Sie kann sich nicht nur auf den engen Bund beziehen, den einige Menschen miteinander schließen, um sich gegen die anderen abzugrenzen und ihre eigenen Interessen gegen sie durchzusetzen. Solidarität schließt alle Menschen ein, gerade auch die Armen und Unterdrückten. Allerdings erscheint diese universale Solidarität für viele zu abstrakt. Sie muss sich zuerst konkretisieren in der Solidarität zum konkreten Nächsten in einer überschaubaren Gruppe. Sie zeigt sich in der Bereitschaft zum Teilen und in der Zusammenarbeit miteinander.

Theoretisch sind sich wohl alle einig, dass die Zukunft der Menschheit von der Bereitschaft zur Solidarität abhängt. Aber wenn wir in unsere Zeit blicken, so sticht da stärker der Gruppenegoismus hervor als die Solidarität. Da braucht man eine Lobby, um seine Interessen durchzusetzen. Da kümmern einen die Bedürfnisse der anderen herzlich wenig. Entscheidend ist, dass die eigene Gruppe gewinnt. Doch solcher Gruppenegoismus entzweit die Gesellschaft und die Welt immer mehr. Er geht auf Kosten anderer. Mangel an Solidarität zeigt sich auch daran, dass der in Not geratene Mensch heute kaum auf den Nachbarn zählen kann. Wenn einer in der U-

Bahn angepöbelt oder gar geschlagen wird, kommt ihm keiner zu Hilfe. Alle schauen lieber weg. Sie fühlen sich nicht verbunden mit dem, der in Not ist. Sie verweigern Solidarität. Sie verbünden sich nicht mit dem Opfer, aus Angst, selbst zum Opfer werden zu können. Bei solchem Mangel an Solidarität kann das Böse sich immer stärker ausbreiten. Skinheads können ihre Aggressionen ungehindert an wehrlosen Menschen auslassen.

Ich wünsche Dir, dass der Engel der Solidarität Deine Seele bewegt, wenn neben Dir ein Mensch Hilfe braucht, dass der Engel Deine Augen öffnet und Dich anstößt, die Hemmschwelle zu überschreiten und auf den anderen zuzugehen. Ich wünsche Dir aber auch, dass Dir ein Engel der Solidarität zu Hilfe kommt, wenn Du hilflos bist, dass da einer den Mut aufbringt, einzugreifen, wenn Du angegriffen wirst. Der Engel der Solidarität möchte uns befreien von der Blindheit, mit der wir über die Not der anderen hinwegsehen. Er möchte uns sensibilisieren für den Bruder und die Schwester neben uns. Er weckt in unserer Seele das Bewusstsein, dass wir im Grunde zusammengehören, dass wir einen gemeinsamen Ursprung haben, dass wir – wie es der Hebräerbrief sagt – „monogenes", alle aus Gott geboren sind, alle von dem einen Gott abstammen. Der Engel muss in unserer Seele erst einige Vorarbeit leisten, bis wir dann auch nach außen hin solidarisch sind. Er muss uns ein Gespür vermitteln, dass unser Wohl nicht ohne das Wohl der anderen bestehen kann. Wer egoistisch nur auf sich selbst sieht, wird bald erkennen, dass er sich verrennt, dass er immer einsamer und isolierter wird. Gemeinschaft, Zugehörigkeit zur menschlichen Gesellschaft kann nur erleben, wer selbst solidarisch ist und sich vom Engel der Solidarität leiten lässt. Der Engel der Solidarität wird an Dir vorbeigehen, wenn Du Dich nur um Dich selbst kümmerst. Wenn Du den Engel bei Dir eintreten lässt, wird er Dich nicht nur für die anderen und ihre Bedürfnisse öffnen, sondern auch Dein eigenes Leben bereichern und beschenken.

# 33.

## Der Engel des Humors

**WER LANGE** unter humorlosen Menschen leben muss, der trauert dem Engel des Humors nach. Ohne Humor wird das Leben traurig und langweilig. Humor ist nicht einfach gute Laune. Humor ist die Fähigkeit, die konkrete Situation, gerade auch die widrigen Umstände, zu übersteigen. Der amerikanische Soziologe P. L. Berger nennt daher den Humor ein „Zeichen der Transzendenz". Wir transzendieren die Wirklichkeit und relativieren sie, weil wir sie von einer anderen Perspektive aus sehen. Humor ist zugleich Aussöhnen mit der Wirklichkeit, während der Idealist vor ihr flieht und sich hohe Luftschlösser baut. Das deutsche Wort Humor hat zwei Wurzeln. „Humores" sind die Säfte, die nach der mittelalterlichen Naturlehre im menschlichen Körper das Temperament regeln. Schließlich hat man – vor allem in England – die Grundstimmung der heiteren Gelassenheit mit dem Namen Humor belegt. Humor ist die Gabe, den Schwierigkeiten und Widrigkeiten des Lebens gelassen und heiter zu begegnen. Humor hängt aber auch mit „humus = Erde" zusammen. Humor kann nur der entwickeln, der bereit ist, vom hohen Thron seines Idealbildes herabzusteigen und seine eigene Erdhaftigkeit anzunehmen, sich damit auszusöhnen, dass er von der Erde genommen und aus Lehm gebildet ist. Wer Humor hat, braucht nichts zu verstecken. Er muss nicht seine Energie darauf verschwenden, seine Fassade aufzubauen, damit alle nur seine schönen Seiten sehen. Der humorvolle Mensch söhnt sich mit allem aus, was in ihm ist. Das macht ihn frei von allem Zwang, gut dastehen zu müssen. Er erlaubt es sich, so zu sein, wie er ist. Er kann über sich selber lachen.

## DER ENGEL DES HUMORS

Humor bedeutet nicht, dass ich eine ganze Gesellschaft mit Witzen unterhalten kann. Der Humorist ist nicht der Komiker, der aus allem eine Darstellung, ein Schauspiel machen kann. Humor ist zuerst einmal Selbstentlarvung. Ich befreie mich von der Sucht, mich wie ein Denkmal zu fühlen. Humor ist das Gegenteil des Pathos, mit dem sich manche aufblähen und wichtig nehmen. Der Humorvolle erkennt das Unvollkommene an sich selbst und an den anderen. Aber er reagiert nicht zynisch, nicht verzweifelt oder kalt, sondern versöhnt, liebend und warmherzig. Der Humor weiß darum, dass die kleinen Fehler das Große der göttlichen Ordnung nicht stören können. Es ist nicht wichtig, wie Du vor den anderen dastehst, ob Du alles richtig sagst, ob Du eine gute Figur machst, ob Du Dir keine Blöße gibst. Entscheidend ist, dass Du aus der inneren Freiheit und aus der gelassenen Distanz Dir selbst gegenüber sprichst und handelst. Letztlich verlangt dieser Humor als Grundlage den Glauben, dass wir von Gott bedingungslos angenommen sind.

Der Engel des Humors erleichtert Dir Dein Leben. Er leitet Dich an, gelassen zu reagieren, wenn Du Dich schon wieder über Dich ärgern möchtest. Ich wünsche Dir, dass der Engel des Humors Dein ständiger Begleiter wird. Er soll Deine Seele mit Heiterkeit und Milde erfüllen. Er möge Dich davor bewahren, Dich selbst zu zerfleischen, Dich zu entwerten und zu beschimpfen. Er lehrt Dich das Lachen über Dich selbst, nicht das zynische Lachen, sondern das Lachen des Glaubens, das alles Gegensätzliche in Dir überbrückt und Dich an den Punkt jenseits aller Gegensätze führt. Sigismund von Radecki nennt daher das Lachen „verkappte Religiosität". Der Engel des Humors möge Dich aber auch begleiten, wenn Du mit anderen Menschen zusammen lebst und ihre menschlichen Schwächen wahrnimmst. Mach Dir das Leben nicht schwer, indem Du humorlos zu ernst nimmst, was Dir an Dir selbst nicht gefällt und was Dir von den anderen her sauer aufstößt. Lass es sein! Schau hinter die Dinge! Lass Dich vom Engel des Humors mit Gelassenheit und Leichtigkeit erfüllen! Und erlaube Dir, so zu sein, wie Du bist, und über Dich zu lächeln, wenn Du Dich wieder einmal dabei ertappst, wenn Du Dich allzu ernst genommen hast.

# 34.

# Der Engel des Verzichts

**DER ENGEL DES VERZICHTS** mag manchem auf den ersten Blick nicht so angenehm erscheinen. Und er möchte ihn lieber zu anderen schicken, als ihn bei sich selbst einzulassen. Aber nur wer verzichten kann, kann auch genießen. Wenn Du Dein Leben genießen willst, solltest Du den Engel des Verzichts bitten, Dich in seine Schule zu nehmen. Verzichten kommt von „verzeihen" und bedeutet eigentlich: „einen Anspruch aufgeben". Ich habe Anspruch auf eine Geldleistung, aber ich verzichte darauf. Ich lasse den Anspruch. Dieses Bild wurde in der Askese vor allem im Umgang mit irdischen Gütern gebraucht. Da meinte man vor allem Verzicht auf kostbare Speisen und berauschende Getränke, Verzicht auf Reichtum und Besitz, Verzicht auf die Ehe. Verzicht bekam einen negativen Beigeschmack. Manchmal kam da eine Grundhaltung zum Vorschein, für die Verzichten immer besser als Genießen ist. Letztlich steht hinter dieser Haltung ein negatives Gottesbild. Gott gönnt mir nichts. Daher darf ich mir auch nichts gönnen. Doch dieses Gottesbild ist konträr zu dem, das Jesus uns verkündet hat. Jesus verzichtet nicht auf Essen und Trinken. Ja, er wird sogar Fresser und Weinsäufer genannt. Das Ziel des Lebens ist das Genießen. Die Mystiker sprechen davon, dass das ewige Leben im dauernden Genuss Gottes besteht. „Frui deo – Gott genießen" ist demnach unser letztes Ziel. Wir werden ihn aber wohl kaum genießen können, wenn wir uns hier nicht eingeübt haben in den Genuss der Gaben, die er uns anbietet.

Wer jedes Bedürfnis sofort befriedigen muss, der wird abhängig. Er wird von seinen Bedürfnissen bestimmt. Und – so sagen die

Psychologen – er wird nie ein starkes Ich entwickeln. Sogar für Sigmund Freud, der doch so sehr auf der Erfüllung der Triebansprüche pochte, ist die Realitätsanpassung des Kindes nicht ohne Verzicht möglich. Ohne Realitätsanpassung wird das Kind nie erwachsen. Verzichten darf aber nicht aus der Angst heraus geschehen, als ob Genießen etwas Schlechtes wäre. Wenn einer auf ein gutes Essen verzichtet, weil er ein schlechtes Gewissen hat, wenn er genießt und die Straßenkinder in Südamerika hungern, dann kann das leicht zu einem zwanghaften Verhalten führen. Natürlich ist es sinnvoll, auf ein gutes Essen zu verzichten, damit der andere besser leben kann. Aber oft genug ist solcher Verzicht dann überhaupt von einer Haltung der Lebensverneinung geprägt. Man gönnt sich selbst nichts mehr. Im Grunde aber gönnt man dann auch dem nichts, für den man verzichtet. Wenn der mit seinen Bedürfnissen anders umgeht als wir, sind wir beleidigt. Verzichten braucht immer die innere Freiheit. Ich muss mein Bedürfnis anerkennen und mich damit aussöhnen. Dann kann ich mich auch davon distanzieren. Verzichten ist aber nicht nur Ausdruck der inneren Freiheit. Es kann auch in die Freiheit führen. Wenn ich spüre, dass ich abhängig bin vom Kaffee am Morgen oder vom Bier am Abend, dann ist es sinnvoll, mir die Freiheit zu nehmen, einige Zeit, etwa während der Fastenzeit, darauf zu verzichten. Dann fühle ich mich wieder frei. Das tut meinem Selbstwertgefühl gut.

Verzichten ist aber nicht nur ein Privatvergnügen. Es hat auch eine gesellschaftliche Perspektive. Ohne eine neue Kultur der Askese – so sagen uns die Soziologen – können wir in unserer Welt wohl kaum überleben. Die Ressourcen sind begrenzt. Wir können nicht unbegrenzt konsumieren. Durch den Verzicht müssen wir uns anpassen an die Realität dieser Welt mit ihren begrenzten Möglichkeiten. Der Engel des Verzichts möge Dich in die Kunst des gesunden Lebens und in die innere Freiheit einführen. Aber er möge Deinen Blick auch weiten auf die wirtschaftliche und politische

Situation unserer Welt. Ohne Deinen Beitrag werden die Mittel nicht für alle reichen. Der Engel des Verzichts soll Dir aber kein schlechtes Gewissen machen, dass Du nichts mehr genießen darfst, dass Du bei allem gleich an die Armen denken musst, die jetzt gerade nichts haben. Der Engel des Verzichts möge Dich beides lehren: zu genießen, was Dir an Gaben geschenkt ist, und zu verzichten, um Dich selbst innerlich frei zu fühlen und um anderen den Genuss an dieser Welt zu gönnen.

# 35.
## Der Engel der Gastfreundschaft

**GASTFREUNDSCHAFT** war den Menschen der Antike heilig. Griechen, Juden und Römer übten in gleicher Weise Gastfreundschaft. Denn im Gast, so glaubten sie, poche Gott selbst an ihre Pforte, um Einlass zu finden. Und Gott würde den Gastgeber mit göttlichen Gaben beschenken. So erzählt es die Sage von Philemon und Baucis, einem alten Ehepaar, das im Fremden Zeus selbst aufgenommen hat. So beschreibt Lukas Jesus, den göttlichen Wanderer, der immer wieder bei den Menschen einkehrt, um sie mit göttlicher Güte und Barmherzigkeit zu beschenken. Die frühen Christen übten Gastfreundschaft. Ohne diese Tugend hätte sich wohl das Christentum kaum in der römischen Welt verbreitet. Der Hebräerbrief mahnt die lau gewordenen Christen am Ende des 1. Jahrhunderts: „Vergeßt die Gastfreundschaft nicht; denn durch sie haben einige, ohne es zu ahnen, Engel beherbergt" (Hebr 13, 2). Sowohl in der Bibel als auch in der griechischen und römischen Sagenwelt gibt es zahlreiche Geschichten, in denen Menschen, ohne auf Gewinn zu zielen, Engel beherbergt haben. Ihre Gastfreundschaft brachte ihnen einen Engel ins Haus, ohne dass sie darum wussten. Von diesen Geschichten her gibt es eine enge Verbindung zwischen Gastfreundschaft und den Engeln. Die Menschen, die wir aufnehmen, können für uns zum Engel werden, der uns reichlich belohnt.

Gerade in unserer Zeit, da es so viele Fremde und Heimatlose gibt, Flüchtlinge und Asylanten, ist die Gastfreundschaft ein Gebot der Stunde. Die Gastfreundschaft hält den Fremden heilig. Sie weiß darum, dass der Fremde uns etwas zu sagen hat, dass Gott selbst durch ihn zu uns sprechen kann. So hat es der hl. Benedikt gesehen, der die Gastfreundschaft für seine Mönche gefordert und damit eine Kultur der Gastfreundschaft für das ganze Mittelalter entwickelt hat. Der Abt soll genau hinhören, wenn der Fremde etwas an seiner Gemeinschaft kritisiert. Es könnte ja sein, dass Gott selbst den Fremden geschickt habe, um ihn auf etwas aufmerksam zu machen, was er bisher übersehen hat. Gastfreundschaft ist nie ein einseitiges Schenken. Jeder wird beschenkt, wenn ein Raum eröffnet wird, in dem sich Menschen begegnen können, die bisher einander fremd waren.

In unserer Familie wurde die Gastfreundschaft immer hoch gehalten. Mein Vater lud Weihnachten immer ausländische Studenten ein, die in einem Münchner Kolleg wohnten. Für uns Kinder war das immer spannend, wenn da ein junger Mann aus Pakistan oder Indien zu Gast war. Meine Geschwister setzen diese Tradition fort. Und sie haben im Ausland selbst oft großherzige Gastfreundschaft erfahren. So entsteht ein Netz der Liebe zwischen den Völkern, das Vorurteile abbaut und zur Freude aneinander führt. Meine Neffen und Nichten freuen sich daran, den Fremden ihre Familienrituale zu erklären. Da diskutieren sie dann heiß darüber, warum sie diese Rituale feiern, woraus sie leben und was der Sinn ihres Lebens ist. Und sie hören gut zu, wie die anderen ihr Leben verstehen. So entsteht ein Austausch, der beide Seiten bereichert.

Der Engel der Gastfreundschaft möchte Dir die Angst vor den Fremden nehmen. Und er will Dich befreien von dem Druck, dass Du ein besonders guter Gastgeber sein musst, dass Du andere Gastgeber mit Deinem Kochen oder mit Deinem Hausschmuck übertreffen musst. Du sollst nicht vieles vorsetzen, sondern Dich selbst einbringen, damit Begegnung möglich wird. Dann wirst Du sehen, wie die Gastfreundschaft Dich selber beschenkt. Du wirst erfahren, wie Menschen leben und woraus sie leben. Du wirst dankbar sein für das Leben, das Dir geschenkt wurde, für die Heimat, die Du gefunden hast und die auch für andere zu einem Ort werden kann, in dem sie sich daheim fühlen. Wenn Menschen sich bei Dir geborgen fühlen, wenn sie spüren, dass sie in Deinem Haus ohne Angst sie selbst sein dürfen, dann wirst Du spüren, wie der Engel der Gastfreundschaft Dir viele Engel ins Haus schickt, die Dich beschenken.

# 36.

# Der Engel der kleinen Freundlichkeiten

**DIE BIBEL PREIST** den Wert der Freundlichkeit. „Ein freundliches Wort stärkt und erfreut" (Spr 12, 25). Freundlich bin ich immer in Beziehung zu einem anderen. Freundlichkeit schafft Beziehung. Zur Freundlichkeit gehört Wohlwollen, Liebenswürdigkeit, Aufmerksamkeit, Höflichkeit, Entgegenkommen und Zuwendung. Und Freundlichkeit braucht immer ein Medium: den freundlichen Blick, das freundliche Wort, den freundlichen Gruß.

Ein freundliches Wort kostet nicht viel. Und doch geizen wir so sehr damit. Der hl. Benedikt fordert vom Cellerar, dass er immer dann, wenn er nichts zu geben hat, wenigstens ein freundliches Wort seinen Brüdern schenken sollte. Und er begründet es mit dem Hinweis auf Eph 4, 29: „Ein freundliches Wort geht über die beste Gabe." Das ist kein billiger Trost. In diesem freundlichen Wort drückt der Cellerar seine Achtung vor dem Bruder aus. Er weist ihn nicht verächtlich zurück. Auch wenn seine Mittel beschränkt sind, nimmt er den Bruder mit seinem Anliegen ernst. Führen durch Freundlichkeit, das wäre eine Management-Philosophie, die mancher Firma gut anstünde. Doch da wird gerade mit Geld Macht ausgeübt. Da geben Verantwortliche den Angestellten das Gefühl, dass sie nichts wert sind, dass es ihnen nicht ansteht, so viel zu erbitten. Wenn der Engel der Freundlichkeit den Chef begleitet, wird er um sich herum eine Atmosphäre der Achtung und der Fröhlichkeit erzeugen, die seiner Firma besser täte als das humorlose Kontrollieren, ob alle ihre Pflicht erfüllen. Das freundliche Wort wird den Mitarbeiter viel eher motivieren als der Hinweis darauf, dass es der Firma so schlecht geht.

## DER ENGEL DER KLEINEN FREUNDLICHKEITEN

Du brauchst den Engel der Freundlichkeit, damit Du den anderen, sobald Du ihn ansprichst, freundlich ansprichst, damit Du den anderen, sobald Du ihn siehst, freundlich anschaust. Es gibt so viele Gelegenheiten, dem Engel der kleinen Freundlichkeiten zu folgen und die Menschen um Dich herum zu beschenken. Natürlich kennst Du auch eine Freundlichkeit, die verzweckt ist. In manchen Geschäften begegnen Dir die Verkäufer zwar freundlich. Aber hinter der Fassade der Freundlichkeit spürst Du die Kälte, den Zwang, möglichst viel zu verkaufen. Solche Freundlichkeiten erfreuen Dich nicht, sie ärgern Dich oder machen dich traurig. Du spürst, wie sich Menschen verstellen müssen. Doch das tut ihnen nicht gut.

Bitte den Engel der kleinen Freundlichkeiten, dass er zuerst Dein Herz verändert, damit Du aus freiem und frohem Herzen ein freundliches Wort sagen, einen freundlichen Blick zuwerfen, einen freundlichen Brief schreiben kannst. Du kannst nur freundlich sein, wenn Du Dich über den Menschen freust, dem Du begegnest. Vielleicht sagst Du, dass in Dir keine Freude über diesen oder jenen Menschen ist und dass Du dem anderen daher auch nichts vormachen möchtest. Der Engel der Freundlichkeit möchte Dich nicht überreden, anderen etwas vorzutäuschen. Er will Dich zuerst zu einer echten Freude über den Menschen führen. Diese Freude verlangt den Glauben daran, dass jeder Mensch ein Geheimnis ist, dass in jedem ein guter Kern steckt, dass Du in jedem Christus selbst begegnest. Wenn Du das glaubst, dann kannst Du Dich auch über einen Menschen freuen, der unzufrieden ist und Dir grimmig entgegenkommt. Du siehst nicht auf das Äußere, sondern auf die Möglichkeiten, die in ihm stecken. Durch Dein freundliches Wort wirst Du die Freude, die in seiner Seele unter dem Kummer und unter der Unzufriedenheit verborgen liegt, hervorlocken. Sein mürrisches Gesicht wird sich aufhellen. Und dann wird er Dich mit Freude erfüllen. Du bist für ihn zum Engel der Freundlichkeit geworden. Und nun wird auch für ihn die Welt freundlicher erscheinen.

# 37.

# Der Engel der Fairness

**FAIR** ist ein Begriff aus der Sportwelt. Einen Sportler nennen wir fair, wenn er sich an die Spielregeln hält und seinen Gegner anständig behandelt, ihn nicht mit Tricks zu überlisten sucht. Ein fairer Fußballspieler kämpft durchaus mit seinem Gegner. Er fordert alles von ihm ab und sucht ihn zu überspielen. Aber er bleibt immer fair, er wird keine versteckten Fouls austeilen. Vor allem aber spricht man von einem fairen Verlierer. Viele können nicht verlieren. Sobald sie im Spiel besiegt worden sind, schieben sie die Schuld auf den Schiedsrichter, auf den schlechten Platz oder auf das Wetter. Aber man will sich nicht eingestehen, dass man eben den Kürzeren gezogen hat. Einer muss immer verlieren. Fair ist der, der seine Niederlage eingesteht und dem Sieger gratulieren kann. Wer den Sieger schlecht macht, ist auch ein schlechter Verlierer.

Auch im Geschäftsleben gibt es faire Verhaltensweisen. Natürlich will jeder gewinnen und seinen Nutzen aus dem Geschäft ziehen. Das erkennt auch jeder an. Fair ist der, der sich an Vereinbarungen hält, der klar kämpft, der seine Bedingungen offen darlegt und mit dem man dann auf anständige Weise einen Kompromiss schließen kann. Wer bei Verhandlungen lügt oder die Wahrheit verschleiert, wer mit falschen Versprechungen arbeitet, die er nicht einhält, der ist unfair. Wer unfaire Geschäfte abschließt, der wird zwar kurzfristig gewinnen. Aber auf Dauer wird sich seine unfaire Art rächen. Er wird Kunden und ehrliche Lieferanten verlieren. Und er wird bei seinen Kontrahenten einen stärkeren Widerstand gegen sich hervorrufen, der ihm dann zum Verhängnis werden wird.

## DER ENGEL DER FAIRNESS

Ich erlebe viele Ehepaare, die sich auseinander gelebt haben. Die große Liebe ist verflogen. Sie mögen sich noch, aber sie spüren, dass sie sich fremd geworden sind, dass vieles von den hohen Eheidealen zerbrochen ist. Manche meinen dann, sie müssten sich sofort voneinander trennen. Denn nebeneinanderher leben, das wäre keine Lösung. Ehe sei doch mehr. Das stimmt. Doch ich versuche ihnen dann immer zu vermitteln, dass es doch schon viel sei, fair miteinander umzugehen. Auch wenn es nicht mehr die große Liebe ist, so ist doch schon viel gewonnen, wenn Mann und Frau fair miteinander leben. Zu dieser Fairness gehört, dass jeder erst einmal für sich sorgt, damit er gut leben kann, dass er aber auch den anderen gelten lässt und ihm den Raum zugesteht, in dem er wachsen kann. Oft ist das Wachsen der Ehepartner phasenverschoben. Die Frau hat sich schon früher auf den Weg gemacht und an sich gearbeitet. Der Mann ist noch so mit seinem Beruf verflochten, dass er für die persönliche Reifung gar keine Zeit hatte. Fair zu warten, bis der andere nachreift, ist schon viel. Oft ergibt sich dann eine neue Beziehung und eine nüchterne Liebe, die bis zuletzt durchträgt. Natürlich gibt es Situationen, in der auch die Fairness nicht genügt, um ein Fortbestehen der Ehe zu rechtfertigen.

Fairness kann man nicht einfach machen. Man kann sie zwar erlernen. Aber es ist gut, dabei den Engel der Fairness an seiner Seite zu wissen, der einen einführt in den Geist der Fairness. Der Engel muss die Seele verwandeln, dass sie frei wird von dem Kampf ums Überleben, der sich tief in sie eingeprägt hat.

Ich wünsche Dir den Engel der Fairness in Deiner Beziehung zu Deinem Ehepartner, in Deinem beruflichen Umfeld und in Deinem Freundeskreis. Und ich wünsche Dir, dass der Engel der Fairness in Deiner Seele die Haltung der Klarheit, der Anständigkeit und der Sauberkeit hervorruft. Der Engel der Fairness wird nicht nur den Menschen in Deiner Nähe, sondern auch Dir selbst gut tun.

# 38.
## Der Engel der Gewaltlosigkeit

MARTIN LUTHER KING war einer der überzeugendsten Propheten der Gewaltlosigkeit in unserer Zeit. Er kämpfte durchaus gegen die ungerechten Gesetze der Rassentrennung und Rassendiskriminierung. Aber er leistete gewaltlosen Widerstand, mit dem er den Gegner nicht vernichten, sondern überzeugen und gewinnen wollte. Die unbewaffnete Liebe ist für Martin Luther King die einzige Kraft, die den Hass besiegen kann. Normalerweise reagieren wir gegen die Gewalt mit Gegengewalt. So entsteht ein Teufelskreis von immer größerer Gewalt. Gewalt ruft Gewalt hervor. Wer aber den, der Gewalt ausübt, liebt, kann ihn auf neue Weise besiegen. Er wird nicht nur seine Gewalt ins Leere laufen lassen, sondern auch sein Herz gewinnen. Dann aber ist Versöhnung möglich. Und die Gewalt hat ein Ende. Martin Luther King ruft seinen Gegnern zu: „Werft uns ins Gefängnis, wir werden euch trotzdem lieben! Wir werden so lange an euer Herz und eure Seele appellieren, bis wir auch euch gewonnen haben."

Bei Gewaltlosigkeit brauchen wir aber nicht nur auf die politischen Auseinandersetzungen zu schauen. Denn dann sind wir allzu leicht in Gefahr, mit dem moralischen Zeigefinger auf andere zu zeigen und sie anzuklagen. Es gibt genügend Spiele der Gewalt in unserem alltäglichen Miteinander. Gewalt kommt von „walten = stark sein, beherrschen". Wir üben Gewalt, wenn wir unseren Ehepartner beherrschen, wenn wir seine Schwächen ausnützen und ihn mit unserer Stärke klein machen. Ich kenne die empfindliche Stelle des Partners. Wenn mich der andere ärgert, dann weiß ich genau, wie ich ihn verletzen kann, so dass er verstummt und nichts mehr zu erwidern weiß. Das ist Gewalt, zwar keine körperliche Gewalt, aber doch psychische Gewalt. Psychologen sprechen von emotionaler Erpressung, die häufig zwischen Ehepartnern abläuft. Da erpresst der Mann die Frau, wenn sie ihre Freundin besuchen will, indem er ihr mit Selbstmord droht oder mit dem Auszug aus der gemeinsamen Wohnung oder mit Krankheit oder indem er ihr Schuldgefühle vermittelt, dass sie egoistisch und egozentrisch sei und kein Gespür für seine Gefühle habe. Emotionale Erpressung ist Gewalt.

Der Engel der Gewaltlosigkeit will Dich zu einem anderen Verhalten befähigen. Du vergiltst die Verletzung nicht, indem Du den anderen kränkst. Aber Du frisst auch nicht einfach nur die Verletzung in Dich hinein. Gewaltlosigkeit ist nicht Nachgiebigkeit und Schwäche. Du kämpfst durchaus, aber eben gewaltlos. Du verzichtest auf Machtspiele. Du siehst die Verletzung an, versuchst Dich zu wehren, indem Du innere Distanz dazu schaffst. Aber aus der Distanz heraus versuchst Du den anderen zu lieben. Er hat Dich nur verletzt, weil er selbst verletzt ist. Wenn Du ihn liebst, dann bist Du in der stärkeren Position. Seine Worte haben Dich zwar verletzt. Aber Du bleibst nicht in der Verletzung stecken. Du kannst Dich von der Verletzung innerlich distanzieren. Du traust Gott zu, dass er Deine Verletzung heilt. Und aus diesem Vertrauen heraus kannst Du auch den lieben, der Dich gekränkt hat. Das ist Gewaltlosigkeit, die den Teufelskreis von Verletzung und Gegenverletzung durchbricht und dem anderen ermöglicht, dass seine Kränkungen heilen. Dann hast Du ihn für Dich gewonnen und Du hast ihn für das Leben und die Liebe gewonnen. Bitte den Engel der Gewaltlosigkeit, dass er Dir Phantasie schenke, wie Du auf die Spiele der Gewalt gewaltlos antworten und wie Du den Gewalttäter durch Liebe gewinnen und von seiner Gewaltfixierung befreien kannst.

# 39.

## Der Engel der Güte

GÜTIG ist der Mensch, der es gut mit uns meint. Von einem gütigen Menschen strahlt Wärme aus. An seinem gütigen Blick und gütigen Worten spürt man, dass sein Herz gütig ist, dass das Gute in ihm die Oberhand gewonnen hat. Die Güte strahlt aus einer Seele, die in sich gut ist, die erfüllt ist von einem guten Geist, die mit sich im Einklang ist. Wer seine Seele als gut erfährt, der glaubt auch an das Gute im anderen Menschen. Weil er das Gute im anderen sieht, wird er ihn auch gut behandeln. Er lockt durch sein gütiges Verhalten den guten Kern im anderen hervor.

Es gibt eine schöne Mönchsgeschichte, in der ein junger Mönch mit einem heidnischen Priester streitet und ihm unflätige Worte an den Kopf wirft. Der Priester schlägt den Mönch halb tot. Kurz darauf kommt Abbas Makarius vorbei und trifft den Priester. Er spricht ihn freundlich an. Der wundert sich darüber und erzählt von dem Erlebnis mit dem jungen Mönch. Der Priester wird durch das gütige Wort des Altvaters so berührt, dass er ihm nachfolgt und Mönch wird. Die Geschichte schließt mit dem Satz: „Ein böses Wort macht auch die Guten böse, ein gutes Wort macht auch die Bösen gut." Wenn ich einem anderen mit bösen Worten und einem feindseligen Blick begegne, dann werde ich in ihm das Böse hervorlocken. Er wird mir genauso feindselig gegenübertreten. Wenn ich aber gütig zu ihm bin und ihn mit gütigen Worten anspreche, dann wird der andere in Berührung kommen mit dem Guten, das auf dem Grunde seiner Seele vorhanden ist, das aber oft genug von den Verletzungen verdeckt wird. Wir sind ein Stück weit auch für das Verhalten des anderen verantwortlich. Wir können in ihm Leben oder Tod hervorlocken, das Gute oder das Böse.

Bitte den Engel der Güte, dass er Deine Seele verwandle, damit das Gute in ihr herrsche, dass das Böse keine Chance mehr in Dir hat. Wenn der Engel der Güte Deine Seele gut gemacht hat, dann wird die Güte auch aus Dir hervorleuchten. Du wirst Dich gütig verhalten, gute Worte sprechen, warmherzige Worte. Die Güte wird aus Deinen Augen strahlen. Du kannst Deine Augen nicht selbst gütig machen. Du kannst nur darauf vertrauen, dass der Engel der Güte alles in Dir gut macht, so dass alles in Dir Güte ausstrahlt: Deine Augen, Dein Sprechen, Deine Gebärden, Dein Händedruck. Als ich auf dem Berg Athos war, begrüßte uns in einem Kloster ein alter Gastpater. Wir konnten uns nicht verständigen, da er nur griechisch sprach. Aber seine Hände waren gütig. Als er uns die Hand gab, langsam und bedächtig, da spürten wir die Güte in seinen Händen. Und als ich ihm dann in die Augen sah, spiegelten auch seine Augen diese Güte wider. So wünsche ich Dir, dass Du mit Deinem Sein, mit Deinem Leib und Deiner Seele Güte verströmst und das Gute in den Menschen hervorlockst.

# 40.

# Der Engel der Inspiration

INSPIRATION kommt von „inspirare", das verschiedene Bedeutungen haben kann: hineinblasen, einhauchen, einflößen, erregen, begeistern, entflammen. Der Atem, den man hineinhaucht, ist ein Bild für den Geist Gottes. Letztlich ist es immer Gottes Geist, der uns inspiriert, der uns neue Einsichten schenkt, der uns begeistert und entflammt. Inspiration hat auch mit Phantasie und Kreativität zu tun. Wer inspiriert wird vom göttlichen Geist, der braucht nicht von anderen zu lernen, was sie zu dem oder jenem Problem sagen. Er findet aus sich heraus Lösungen und neue Einsichten. Inspiration – das meint nicht Leute, die von Privaterleuchtung reden, aber nur ihre eigene Psyche ausbreiten.

Wir sagen von einem Menschen, dass er inspirierend wirkt. In seiner Nähe bekommen wir neue Ideen. Er regt uns an, nach neuen Lösungen zu suchen. Er belebt uns, wirkt erfrischend und begeisternd. Aber nicht nur Menschen wirken inspirierend. Wir sagen auch nach einem frischen Bad, dass es uns inspiriert. Jetzt ist unser Kopf klar, und wir können auf einmal viel kreativer denken. Bei anderen hat die Musik eine inspirierende Wirkung. Die Seherin von Delphi nahm offensichtlich durch die Erdspalte mit der Gottheit Verbindung auf, so dass sie Dinge sagen konnte, die nicht aus dem Kopf kamen. Viele kamen zu ihr gepilgert, um das delphische Orakel zu befragen und Weisung für ihr Leben zu erhalten.

Wir gebrauchen das Wort „Inspiration" heute nicht mehr nur von Einhauchung, sondern auch von Erhellung und Erleuchtung. Die

Begegnung mit einem Menschen erhellt mein eigenes Denken. Ich fühle mich erleuchtet. Inspiration wird oft auch nur als Anregung beschrieben. Wenn mich ein Text inspiriert, selbst etwas zu schreiben, so meine ich eigentlich: der Text regt mich an, er bringt mein Denken in Bewegung, so dass es jetzt auch aus mir herausfließt. Vielleicht geht es Dir auch so: Nach einem Gespräch mit einem Freund fühlst Du Dich inspiriert. Auf einmal kommen Dir viele neue Gedanken. Du setzt Dich hin und schreibst ein Gedicht. Oder Du entwirfst einen Aufsatz oder bekommst neue Ideen für die Lösung einer Aufgabe.

Es ist immer ein Engel, der Dich inspiriert. Wenn Du Dich durch ein Gespräch inspiriert fühlst, dann wurde der Gesprächspartner für Dich zum Engel. Oder aber der Engel war bei eurem Gespräch anwesend und hat etwas in Deiner Seele in Bewegung gebracht. Du kannst Inspiration nicht herbeizwingen, weder durch Meditation noch durch die Begegnung mit einem Menschen. Es muss immer auch der Engel dabei sein, der Dich inspiriert. Bitte den Engel der Inspiration, dass er bei Dir ist, wenn Du mit anderen sprichst, wenn Du ein Buch liest, wenn Du allein in der Stille meditierst, wenn Du Musik hörst. Er kann Dich inspirieren, wenn Du nach einer Lösung Ausschau hältst, aber nicht weißt, wo Du ansetzen sollst, oder wenn Du über ein Problem nachgrübelst und nicht weiterkommst. Dann wirst Du erleben, wie Deine Seele erleuchtet wird, wie sich auf einmal neue Ideen in Dir formen. Deine Seele wird beschwingt. Leben wird in Dir geweckt, das auch nach außen strömen möchte. Es möchte gestaltet werden in einem Text, in einem Bild, in einem Lied, in neuen Ideen, die Du bei Deiner Arbeit verwirklichst, in neuen Ritualen für Deine Familie oder für Deine Firma, in neuen Wegen, wie Du die Menschen um Dich herum zum Leben verlocken kannst.

# 41.

## Der Engel der Hoffnung

HOFFNUNG ist die vertrauende Erwartung einer guten Zukunft. Paulus sieht Glaube, Hoffnung und Liebe zusammen. Und die Theologie hat daraus die Lehre von den drei göttlichen Tugenden gemacht. Die Hoffnung ist also nicht eine bloß menschliche Fähigkeit. Sie wird uns vielmehr von Gott in unsere Seele gesenkt. Sie ist der Widerschein Gottes in unserer Seele. Sie befähigt uns, gegen alle Hoffnungslosigkeit und Resignation an der Hoffnung auf ein Gelingen unseres Lebens festzuhalten. Die Theologie nennt das Hoffnung auf Heil und Erlösung. In unserer Zeit wurden neue Entwürfe einer Theologie der Hoffnung geschaffen. 1964 hat Jürgen Moltmann seine Theologie der Hoffnung geschrieben. Der atheistische Philosoph Ernst Bloch hat ein großes Werk verfasst mit dem Titel „Prinzip Hoffnung". Darin beschreibt er, wie der Mensch in allem über sich hinausgreift in eine bessere Zukunft, letztlich in das Land der Verheißung, das in der christlichen Tradition mit Paradies benannt wird. Im Tanz, in der Musik, in der Architektur, in allem drückt der Mensch seine Hoffnung auf eine bessere Welt, auf mehr Freiheit, mehr Schönheit, mehr Liebe, ja letztlich auf Heimat aus. Der Mensch ist sich nicht genug. Er hat eine unstillbare Sehnsucht nach Glück. Er träumt von einer schöneren Zukunft.

Hoffnung ist nicht nur etwas Privates. Sie will uns dazu aufrufen, uns für die Armen einzusetzen und unsere Hoffnung gerade für die Hoffnungslosen fruchtbar werden zu lassen. Die Hoffnung ermöglicht uns einen Einsatz für diese Welt, ohne zu resignieren bei den vielen Rückschlägen, die wir einstecken müssen. Heute ist die Zeit der großen Hoffnungen vorbei. Die Postmoderne erhofft sich nicht mehr viel. Sie traut den Sehnsüchten nicht. Sie gibt sich nüchtern, oft genug zynisch. Gerade deshalb müssen wir den Engel der Hoffnung bitten, uns und die in Politik und Wirtschaft Verantwortlichen zu begleiten.

Hoffnung greift über das Sichtbare hinaus. Ich sehe noch nicht, was geschehen könnte. Aber ich hoffe darauf. Ich hoffe, dass es dem Kranken besser geht und dass er wieder gesund wird. Ich hoffe, dass ich von der Reise gut und gesund zurückkehren werde. Ich hoffe, dass die Prüfung gelingt. Ich hoffe, dass die gemeinsamen Besprechungen zu einem guten Ergebnis führen. Ich hoffe, dass sich meine Entscheidungen für die Firma positiv auswirken. Dabei geht unsere Hoffnung aber immer weiter als auf das, was jetzt noch nicht sichtbar ist. Hoffnung richtet sich auf das Unsichtbare, auf das Heil, das Gott an uns endgültig in unserem Tod wirken wird.

Man hat der christlichen Hoffnung vorgeworfen, sie sei Vertröstung auf das Jenseits. Aber im politischen Kampf um eine bessere Zukunft, um eine gesündere Umwelt, um gerechtere Strukturen haben die Menschen zur Genüge erfahren, dass eine rein diesseitige Hoffnung in die Verzweiflung und Resignation führt. Mir erzählte ein junger Mann, der sich für den Umweltschutz engagierte, dass er immer unzufriedener und für seine Umwelt unausstehlicher würde. Er sei Atheist. Er sei nur deshalb ins Kloster gekommen, um in seinem Einsatz für eine bessere Umwelt den eigenen Frieden wieder zu finden. Er spürte, dass er über das konkrete Ziel der ökologischen Projekte hinausschauen müsste, um nicht zu verzweifeln. Die Hoffnung lässt uns gelassen und – wie Paulus sagt – geduldig und treu weiterarbeiten an einer besseren Zukunft. Sie weiß, dass wir hier nie das Paradies verwirklichen können. Der Glaube an das jenseitige Paradies entlastet uns von allem verkrampften Bemühen um eine heile Welt.

So wünsche ich Dir, dass der Engel der Hoffnung Dich bei Deinem Bemühen begleitet, eine bessere Welt um Dich herum zu schaffen, in Deiner Familie, in Deinem Garten, in Deiner Gemeinde, in Deinem Land. Du brauchst den Engel der Hoffnung, wenn alle um Dich herum sich nur resigniert den Alltagsgeschäften widmen. Lass Dich nicht von ihrer Enttäuschung anstecken. Traue der Hoffnung. Sie macht Deine Seele weit. Sie gibt Deiner Seele Auftrieb, dass sie sich ausrichtet auf das noch Ausstehende, wo wir uns in einem unüberbietbaren Sinn ganz zu Hause fühlen können. Paulus beschreibt das so: „Was kein Auge gesehen und kein Ohr gehört hat, was keinem Menschen in den Sinn gekommen ist: das Große, das Gott denen bereitet hat, die ihn lieben" (1 Kor 2, 9).

# 42.

# Der Engel des Glaubens

UM DEN ENGEL des Glaubens zu verstehen, ist es hilfreich, die verschiedenen Sprachen zu befragen. Jede Sprache drückt in einem Wort eine Erfahrung aus. Das deutsche Wort „glauben" kommt von der Wurzel „liob" und heißt eigentlich: „für lieb halten, gutheißen, das Gute sehen". Glauben ist also eine ganz bestimmte Sicht der Wirklichkeit. Ich sehe bewusst das Gute in der Welt und in den Menschen. Das lateinische Wort „credere" und das griechische Wort „pisteuein" beziehen sich mehr auf das religiöse Verhalten zu Gott. „Credere" und „pisteuein" haben jeweils zwei Bedeutungen: „für wahr halten und trauen, vertrauen". Für die Griechen hängt der Glaube eng zusammen mit dem Urvertrauen in die Welt. Glauben heißt, dass ich diese Welt in Gottes guter Hand weiß und darum darauf vertraue, dass auch mit meinem Leben alles gut wird. Und glauben ist für die Griechen ein religiöser Akt. Er hat mit der Beziehung zu Gott zu tun. Dabei geht es aber nicht darum, ob ich jetzt an Gott glaube oder nicht, ob ich den Argumenten für eine Existenz Gottes glaube oder nicht. Glaube ist vielmehr nach einem Wort des evangelischen Theologen Paul Tillich „das Ergriffensein von dem, was uns unbedingt angeht". Ohne diesen Glauben, so meint Ladislaus Boros, gibt es kein echtes Menschsein. Dieser Glaube nimmt unsere ganze Seele in Anspruch. Im Glauben fassen wir unsere ganze Person zusammen und lassen uns in Gott hinein los, in den eigentlichen Urgrund dieser Welt.

Das hebräische Wort für „glauben" meint ein Feststehen, Festigkeit, Gewissheit. Der Hebräerbrief hat das jüdische Verständnis des

Glaubens aufgegriffen in seiner Definition: „Glaube aber ist: Feststehen in dem, was man erhofft, Überzeugtsein von Dingen, die man nicht sieht" (Hebr 11, 1). Glaube meint ein Verankertsein der Seele in der unsichtbaren Welt, die jenseits jeglicher Beweisbarkeit liegt. Für den Apostel Paulus gehört der Glaube entscheidend zum Menschsein. Glaube steht für ihn vor allem im Gegensatz zur eigenen Leistung. Wer glaubt, so meint Paulus, der macht sich fest in Jesus Christus und findet dort seinen wahren Wert. Er muss diesen Wert nicht mehr durch eigene Leistung beweisen. Glaube ist für ihn eine neue Weise zu leben. Es ist ein Leben aus dem Vertrauen auf Gott, vor dem ich so sein darf, wie ich bin, der mir meinen wahren Wert schenkt.

Im Johannesevangelium begegnet uns ein anderes Verständnis von Glauben. Da wird uns im Glauben die eigentliche Wirklichkeit enthüllt. Wir erkennen das Hintergründige, die jenseitige Welt, die Welt Gottes, die in Jesus Christus in unsere Welt eingedrungen ist. Glaube ist Erkennen, „gnosis", wie die Griechen sagen. Johannes antwortet mit seinem Glaubensbegriff auf die Sehnsucht der Gnosis. Gnosis war eine breite Strömung am Ende des 1. Jahrhunderts, ähnlich unserer New-Age-Bewegung. Sie sehnte sich nach Erleuchtung. Der Schleier, der über allem liegt, möge endlich weggezogen werden, damit wir durchblicken, damit wir das Eigentliche erkennen. Im Glauben, so sagt uns Johannes, erkennen wir die Wahrheit. Da geht uns auf, was uns eigentlich trägt und woraus wir leben. Dieser Glaube befreit uns vom Verhaftetsein im Vordergründigen, in Leistung und Anerkennung, in Beliebtsein und Starksein. Wir leben aus einer Wirklichkeit, die uns diese Welt nicht streitig machen kann. So hat Glaube immer mit Freiheit zu tun.

Du siehst, wie sehr die Menschen über den Glauben nachgedacht haben. Aber was erhoffst Du Dir vom Glauben? Denkst Du bei

Glauben sofort daran, dass Du alles für wahr halten musst, was die Kirche lehrt? Oder heißt für Dich glauben vor allem, an die Existenz Gottes zu glauben gegen alle Argumente des Verstandes, die Dir Deine Umgebung vorhält, wenn Du Dich als gläubig bezeichnest? Ist Dein Glaube von Zweifeln bedrängt, ob das mit Gott und Jesus Christus nicht alles Einbildung ist? Der Engel des Glaubens möchte Dich nicht überzeugen, dass Du alles glauben sollst, was Dir die Kirche sagt. Er will Dich vielmehr in eine neue Weise zu leben einführen. Er möchte Dir die Augen öffnen, damit Du das Geheimnis hinter allen Dingen siehst, dass Du mit der unsichtbaren Welt in Berührung kommst, mit der Deine Seele immer schon in Kontakt ist. Der Glaube entspricht Deiner Seele. In ihm kann sie atmen, in ihm fühlt sie sich zu Hause.

Der Engel des Glaubens möchte Dich befreien von Deinem Zwang, Dich immer selbst beweisen, immer alles richtig machen und Deine Daseinsberechtigung durch gute Werke erkaufen zu müssen. Und der Engel des Glaubens möchte Dich in die Welt Gottes hinein begleiten. Er möchte den Schleier wegziehen, der über allem liegt, damit Du die tiefste Wahrheit Deines Lebens erkennst, die Wahrheit, dass Gott da ist, dass Gott Dich liebt, dass Gottes Liebe Dich durchdringt und Dich einhüllt. Ich wünsche Dir, dass der Engel des Glaubens bei Dir ist, wenn Dich Zweifel befallen oder wenn Du Dich hilflos fühlst gegenüber den rationalen Erklärungen Deiner Bekannten, die Dir beweisen möchten, dass Gott doch nur eine Einbildung ist, die man heute in unserem aufgeklärten Jahrhundert beiseite legen müsste. Habe keine Angst vor dem Zweifel. Der Zweifel gehört zu uns und unserem Glauben. Glaube ist immer nur überwundener Zweifel. Aber ohne diese Überwindung des Zweifels gibt es kein echtes Menschsein. Ohne sie, so meint Ladislaus Boros, „schließt sich der Mensch in sich selbst hinein, wird klein, betrachtet seine Gegenwart als Abschluss, geht im Gehabten, im ‚Immer-schon-Bekannten' und Gewöhnlichen auf". Trau dem

Engel des Glaubens. Er zeigt Dir, dass das Unsichtbare genauso wirklich ist wie das Sichtbare, dass Gott Dein Leben trägt und dass Du in Gottes guter Hand bist und in Gott feststehen kannst inmitten aller Stürme des Lebens.

# 43.

## Der Engel der Selbstbeherrschung

SELBSTBEHERRSCHUNG, autokrateia, das war für die stoische Philosophie eine wichtige Haltung, nach der der Mensch streben sollte. Nur wer sich selbst beherrscht, ist für die Stoa ein freier Mensch, ein König. Die Märchen lieben das Bild des Königs und beschreiben im Weg der Königssöhne, wie wir zu freien Menschen werden können, zu Menschen, die sich selbst beherrschen und sich von niemandem beherrschen lassen. König ist der Mensch, der Herr ist über sich selbst und nicht von fremden Kräften bestimmt wird. Er regiert sein eigenes Haus und sein Land. Er ist der ganze Mensch, der alle seine Kräfte entfaltet hat. Und er ist der in sich ruhende Mensch, der sich nicht so leicht von anderen aus der Ruhe bringen lässt.

Wenn wir von einem Menschen sagen, dass er Selbstbeherrschung zeige, dann denken wir eher an die Unterdrückung der Emotionen. Da lässt sich einer nicht provozieren durch die Aggressionen des anderen. Er hat sich selbst in der Hand. Er beherrscht seine Gefühle. Er zeigt nach außen nicht, was er denkt. Auch sein Gesicht zeigt nicht die innere Wut, die in ihm aufkommt. Diese Art von Selbstbeherrschung hat auch ihre Schattenseiten. Denn sie wird oft genug erkauft durch eine Verdrängung von Gefühlen, die man nicht nach außen kundtun möchte. Sie ist zu sehr auf den anderen, auf den Beobachter ausgerichtet. Die anderen sollen nicht merken, was in mir vor sich geht. Aber das ist ein zu äußerlicher Begriff von Selbstbeherrschung. Dann bestimmen mich hinter meiner kühlen Maske meine unterdrückten Emotionen und Leidenschaften. Und irgendwann kommen sie dann doch zum Vorschein. Dann explodiere ich und kenne mich gar nicht mehr selbst.

Selbstbeherrschung bezieht sich in erster Linie auf die Beziehung zu den inneren Gedanken und Gefühlen, zu den Bedürfnissen und Wünschen, zu den Leidenschaften und Trieben. Im frühen Mönchtum ging es darum, sich von den Leidenschaften nicht beherrschen zu lassen, sondern mit ihnen zu kämpfen, damit sie einem untertan sind. Die griechische Philosophie gebraucht das Bild vom Steuermann, der das Boot selbst lenkt und in die Richtung führt, die er möchte. Er lässt sich nicht von den Wogen des Meeres hin und her werfen. Wer seine Leidenschaften beherrscht, der ist wirklich frei. Beherrschen heißt dabei nicht unterdrücken. Der Herr steht in guter Beziehung zu seinen Bediensteten. Er muss sie nicht kontrollieren. Er gibt ihnen Freiraum, weil er ihnen vertraut. Das deutsche Wort „herrschen" kommt von „hehr". Es bedeutet „erhaben, vornehm, heilig". Herrschen kommt vom Komparativ „heriro" und meint dann: „älter, ehrwürdiger, vornehmer sein". Herrschen bezieht sich also nicht auf Gewalt, sondern auf Erfahrung. Der Herrscher ist älter, erfahrener, ehrwürdiger. Er steht den Dienern vor, weil er mehr Erfahrung hat. Aber er muss sie nicht gewaltsam unterdrücken, kontrollieren oder im Griff haben. Er geht gut mit ihnen um. Er ist bei ihnen angesehen und geachtet. Wer sich selbst beherrscht, wer seine Leidenschaften und Triebe beherrscht, der muss nicht gegen sie wüten. Denn wenn er gegen sie wüten würde, würde er eine so starke Gegenkraft in ihnen wecken, dass er ihrer nicht Herr werden würde. Herrschen heißt vielmehr, in guter Beziehung sein zu seinen Leidenschaften und Emotionen, sie kennen, sie leiten und lenken, wohin man selbst möchte.

Der Engel der Selbstbeherrschung möge Dich begleiten, damit Du Dein Leben selber lebst und nicht von Deinen Leidenschaften gelebt wirst oder Dich von den Erwartungen der anderen bestimmen lässt. Er möge bei Dir sein, wenn andere Dich reizen und provozieren wollen. Du sollst ihnen keine Macht über Dich geben. Der Engel hilft Dir, dass Du Dich selbst in der Hand hast und Dich nicht in ihre Hände begibst. Der Engel der Selbstbeherrschung befreit Dich von dem Zwang, dass Du immer und überall unter allen Umständen Deine Emotionen unterdrücken musst. Du darfst Dich zeigen, wie Du bist. Aber Du weißt auch, dass die Leidenschaften Dir dienen und nicht umgekehrt. Du bist in guter Beziehung zu ihnen und vertraust darauf, dass sie für Dich sorgen und gut mit Dir umgehen. Der Engel der Selbstbeherrschung will Dir innere Freiheit schenken und Dir das Gefühl geben, selbst leben zu können, statt von anderen gelebt zu werden.

# 44.

## Der Engel der Achtung

**WÄHREND MEINES STUDIUMS** in Rom lud ich einmal einen argentinischen Freund zu mir nach Hause ein. Er verstand sich sehr gut mit meinem Vater. Mein Vater konnte weder Italienisch noch Spanisch. Der Freund sprach kein Deutsch. Dennoch haben sich beide verstanden. Bei seinem Abschied sagte mir der Freund: „Bei Deinem Vater fühlt man sich geachtet." Das hat mich sehr getroffen. Und es war für mich immer eine Frage, ob sich die Menschen von mir geachtet fühlen. Mir sagte ein Priester von seinem Bischof, dass sich alle Mitarbeiter inkompetent fühlen. Und eine Sekretärin erzählte mir, dass sie sich von ihrem Chef kontrolliert fühlt. Er schaut sie nicht an, wenn er morgens ins Büro kommt, sondern sieht sofort auf irgendwelche Fehler, die ihm in die Augen fallen. Eine Frau fühlt sich von ihrem Mann nicht ernst genommen. Eine Gemeinde hat das Gefühl, dass ihr Pfarrer bei der Predigt doziert.

Jesus hat die Menschen geachtet. Er hat sie angesehen und ihnen dadurch Ansehen verliehen. Das wird für mich am deutlichsten in der Heilung der gekrümmten Frau (Lk 13, 10–17). Da ist eine Frau, die nicht zu sich stehen kann, die gekrümmt und gebeugt ist, resigniert, erdrückt von der Last ihres Lebens, unterdrückt und gebrochen. Jesus heilt sie, indem er sie ansieht und zu sich ruft. Er stellt eine Beziehung her zu ihr. Er übersieht sie nicht, sondern schaut sie an. Und er spricht so zu ihr, dass sie sich geachtet fühlt. Er spricht sie nicht auf ihre Fehler hin an. Das würde sie nur noch mehr beugen. Er sagt Worte, die sie aufrichten: „Frau, du bist von deinem Leiden erlöst. Du bist schon heil und ganz. Es ist gut, wie du bist.

Du hast eine unantastbare Würde. Du darfst so sein, wie du bist. Es ist gut, dass es dich gibt." Und er berührt sie mit seinen Händen. Mit seinen Händen gibt er ihr zu verstehen, dass alles an ihr gut ist, dass er gerne mit ihr in Beziehung tritt, dass er sie achtet. Und von dieser Achtung her kann sie sich im gleichen Augenblick aufrichten und Gott loben. Jetzt sieht sie wieder dankbar und froh in ihr Leben.

Der Engel der Achtung möchte Dich verschiedene Schritte lehren, wie Du die Menschen durch Deine Achtung aufrichten kannst. Der erste Schritt besteht im Beachten. Du sollst den anderen wahrnehmen und nicht übersehen. Ich kenne Menschen, die sich in ihrer Kindheit immer vom Vater übersehen fühlten. Eine Frau erzählte mir, dass der Vater nur auf die ältere Tochter achtete. Die sah besser aus. Sie selbst wurde immer übersehen. Immer wenn ein Mensch sie übersieht, bricht die alte Wunde in ihr wieder auf. Und sie hat den Eindruck, niemand würde sie achten. Sie sei ja nichts wert. Wenn Du mit einem Menschen sprichst, sieh ihn an! Wenn Du durch Dein Büro gehst, übersehe Deine Mitarbeiterinnen nicht! Manche werden sich durch Dein Übersehen und Deine Nicht-Beachtung beugen lassen. Sie werden mit gekrümmtem Rücken, resigniert und haltlos, durch den Tag gehen. Du kannst die anderen aber nur wahrnehmen, wenn Du von Dir selbst absiehst, wenn Du nicht immer nur mit Dir selbst beschäftigt bist. Du musst frei sein, um die anderen beachten zu können.

Achten heißt aber noch mehr als Beachten. Achten heißt: den anderen gelten lassen, ihn ernst nehmen. Achten hat mit Aufmerksamkeit zu tun. Ich achte den, auf den ich aufmerke, dem ich zuhöre, für den ich mich interessiere. Das deutsche Wort „achten" hängt mit „nachdenken, überlegen" zusammen. Den anderen achten heißt, dass ich mich in ihn hineindenke, dass ich über ihn meditiere, mich einfühle, wie es ihm gehen könnte und was ihm gut täte.

## DER ENGEL DER ACHTUNG

Ich wünsche Dir, dass der Engel der Achtung Deine Seele mit der Fähigkeit beschenke, aufmerksam zu sein auf die Menschen in Deiner Umgebung, sie anzusehen, sie zu schätzen und zu achten. Der Engel der Achtung will Dich selbst zu einem Engel für die Menschen machen, damit sie sich in Deiner Nähe geachtet wissen, sich in ihrer Würde aufrichten und aufrechter durch das Leben gehen.

# 45.

## Der Engel des Segnens

SEGNEN kommt vom lateinischen „signare = mit einem Zeichen versehen, bezeichnen, siegeln, versiegeln, das Zeichen des Kreuzes machen". „Signare" kommt wiederum von „secare = schneiden, einritzen, einkerben". Die Christen haben sich schon im 1. Jahrhundert mit dem Kreuz bezeichnet, sie haben das Kreuz in ihren Leib eingeritzt, ja manche haben sich sogar mit dem Kreuz tätowiert. Das Kreuz war für die frühen Christen Zeichen der Liebe, mit der Christus uns bis zur Vollendung geliebt hat. Das Kreuz symbolisiert zugleich alle möglichen Gegensätze. Wenn die frühen Christen sich mit dem Kreuz bezeichnet haben, so wollten sie damit die Liebe Gottes in alles Gegensätzliche und Widersprüchliche ihres Leibes und ihrer Seele einritzen. Sie wollten sich die göttliche Liebe gleichsam körperlich erfahrbar machen. Dabei berührten sie die Stirn als Ort des Denkens, den Unterbauch als Ort der Vitalität und Sexualität, die linke Schulter als Bereich des Unbewussten und Unheilen und die rechte Schulter als Bild für das Bewusste und Heile. Wenn wir diese Gebärde bewusst langsam vollziehen, können wir erahnen, wie zärtlich sie ist, wie wir in ihr die Liebe Gottes leibhaft spüren können. Zugleich ist es eine Versiegelung. Die frühen Christen sahen das Kreuz als Schutzzeichen, das uns bewahrt vor allem Unheil, vor den Mächten des Bösen und Dunklen. Dem Versiegelten kann das Böse nicht schaden. Denn das Siegel kann keiner aufbrechen. Das steht allein Gott zu. Wenn ich einen anderen segne, dann lasse ich ihn leibhaft erfahren, dass er ganz und gar geliebt ist, dass Gottes Liebe alles in ihm durchdringt. Und ich vermittle ihm die Ahnung, dass er geschützt ist, dass Christus ihn begleitet in einer Welt, in der er auch negativen Einflüssen ausgesetzt ist.

Oft übersetzen wir das lateinische „benedicere = Gutes sagen, gut sprechen über jemand" mit „segnen". Einen anderen segnen bedeutet dann, gut über ihn sprechen, ihm Gutes sagen, ihm das Gute zusagen, das ihm von Gott her zukommt. Indem ich das Gute in ihm anspreche, kommt er mit dem Guten in Berührung, das schon in ihm ist. Segnen heißt aber nicht nur, Gutes über den anderen sagen, sondern zu ihm selbst gut reden, ihm gute Worte sagen, die ihn aufrichten. Für die Juden bedeutet Segen die Fülle des Lebens. Der von Gott gesegnete Mensch hat alles, wessen er bedarf. Wenn ich einen Menschen segne, wünsche ich ihm alles erdenklich Gute, wünsche ich ihm, dass Gott ihm die Fülle des Lebens schenken möge und dass er selbst zu einer Quelle des Segens werden darf für andere. Wenn wir andere Menschen segnen, dann geht von uns Segen aus in unsere Umgebung. Wir werden ihnen anders begegnen, wir werden mit neuen Augen auf sie schauen. Wir geben im Segnen den Segen weiter, mit dem wir von Gott beschenkt werden. Wir sind gesegnet. Gott hat ein gutes Wort über uns gesprochen. Er hat über jeden das Urwort des Segens gesagt: „Du bist mein geliebter Sohn, du bist meine geliebte Tochter. An dir habe ich Gefallen."

Der Engel des Segens will Dich anleiten, Dich selbst zu segnen, Dich mit dem dichtesten Segenszeichen zu bezeichnen, mit dem Zeichen des Kreuzes, Dir im Kreuz die bedingungslose Liebe Gottes in den Leib einzuritzen, damit Du Dich mit allen Sinnen geliebt fühlst. Du sollst auch selbst zu einem Engel des Segens werden für andere, indem Du anderen das Zeichen der Liebe schenkst. Mein Vater gab mir zum Abschied immer das Kreuzzeichen auf die Stirn. Das war für mich eine wichtige Erfahrung. Ich spürte darin seine liebende Zuwendung, aber zugleich die Liebe Gottes, die er mir leibhaft vermittelte, und den Schutz Gottes, unter den mich das

Kreuzzeichen stellte. So konnte ich anders von zu Hause abreisen. Der Engel des Segens möchte Dich auch sensibel machen, dass Du das Gute in den Menschen ansprichst und dass Du den Segen Gottes auf sie herabflehst. Mir erzählte ein Missionar von einem alten afrikanischen Katechisten, der jeden Tag eine halbe Stunde vor Gottesdienstbeginn in die Kirche kam, um still zu beten. Als der Missionar ihn fragte, was er denn da tue, erzählte er: „Ich gehe in der Vorstellung durch das Dorf, trete in jede Hütte ein und segne sie. Ich stelle mir vor, wie die Witwe um ihren Mann trauert, und spreche über sie den Segen. Ich gehe zur nächsten Hütte und überlege, wie es denen dort wohl ergehen wird. Und dann segne ich sie. So gehe ich durch das ganze Dorf und segne alle Hütten. Dann feiere ich Eucharistie. Dann erfahre ich, dass ich von Gott ganz und gar gesegnet bin." Dieser fromme Afrikaner hat die Sorgen der Menschen in Segen verwandelt. Vielleicht kannst Du diesen alten Katechisten nachahmen und am Morgen oder Abend durch die Häuser und Wohnungen der Menschen gehen, die Dich und Dein Leben berühren, und über sie den Segen Gottes herabflehen. So wirst Du selbst zu einem Engel des Segens für andere werden. Wenn Du versuchst, ihren Kummer und ihre Not in Segen zu verwandeln, wirst Du selbst Dich als gesegnet erfahren. Du wirst dankbar sein, dass Du für andere zu einer Quelle des Segens geworden bist.

# 46.

## Der Engel des Teilens

**LEBENDIGKEIT** können wir nur erfahren, wenn wir sie mit anderen teilen. Geteilte Freude ist doppelte Freude. Geteiltes Leid ist halbes Leid. In unserer Seele haben wir Menschen immer schon Anteil am anderen. Unsere Seele greift über unseren Leib hinaus. Sie kommuniziert mit anderen Seelen. In ihr sind wir mit den Menschen in unserer Nähe verwoben. Und unsere Seele hat teil an Gott. Es gehört zu unserem Wesen, dass wir unser Leben mit anderen teilen. Das fängt damit an, dass wir den Raum, in dem wir leben, mit anderen teilen. Du lebst nicht allein in Deinem Haus. Du teilst den Raum mit anderen, die Du immer wieder antriffst. Der Engel des Teilens möchte Dich anleiten, Deine Zeit mit anderen zu teilen. Wenn Du Deine Zeit alleine für Dich haben möchtest, wird sie auf Dauer langweilig. Die Zeit, die Du für Dich alleine hast, wird nur eine lebendige Zeit sein, wenn Du sie mit Gott teilst. Sonst würdest Du ja nur um Dich kreisen. Der narzisstische Selbstgenuss wird irgendwann einmal schal. Wenn Du Deine Zeit mit anderen teilst, wirst Du oft genug erleben, wie sie eine erfüllte Zeit wird. Manchmal denkst Du, Du hast noch so viel zu tun. Du brauchst die Zeit für Dich. Natürlich brauchst Du auch genügend Zeit für Dich. Nur muss es immer wieder Zeiten geben, die Du mit anderen teilst. Wenn Du Deine Zeit mit einem Bruder oder einer Schwester teilst, obwohl Du eigentlich keine Zeit hast, kannst Du Dich manchmal beschenkt fühlen. Du erlebst, wie die geteilte Zeit Dich mit neuen Ideen und neuer Lebendigkeit erfüllt.

## DER ENGEL DES TEILENS

Zum Teilen gehört es auch, dass wir unsere Güter miteinander teilen. Besitz kann isolieren. Wer nur über seinen Besitz wacht, der muss sich anderen gegenüber abschotten. Ob eine Gemeinschaft bereit ist, das Leben miteinander zu teilen, zeigt sich gerade daran, ob die Einzelnen bereit sind, auch ihr Geld miteinander zu teilen. Wenn keiner den anderen in sein Geldverhalten hineinschauen lässt, wenn jeder mit aller Kraft seinen Privatbesitz verteidigt, dann entsteht eine immer größere Distanz zueinander. Soziale Spannungen entstehen, weil die Reichen ihren Besitz für sich alleine wollen und nicht bereit sind, ihre Güter mit den Armen zu teilen. Das gilt auch für ganze Völker. Kriege entstehen immer dann, wenn Völker sich auf Kosten anderer bereichern. Dann wollen die Armen es erzwingen, dass die Begüterten ihre Güter mit ihnen teilen.

Ich kenne Gruppen, in denen jeder Angst hat, der andere könnte eine Idee, die er äußert, für sich benutzen. So kommt kein Gespräch zustande. Man bleibt nur an der Oberfläche. Man ist nicht bereit, seine Gedanken miteinander zu teilen. Aber nur wenn wir Gedanken austauschen und miteinander teilen, können neue Gedanken entstehen, werden wir bereichert durch den gegenseitigen Austausch. Auch unsere spirituellen Erfahrungen sollten wir miteinander teilen. Nur so werden sie auch für andere fruchtbar. Wenn wir auf unseren Erfahrungen sitzen bleiben, können wir sie auch nicht dankbar genießen. Aus Angst, andere könnten an unseren Erfahrungen teilhaben, verschließen wir uns ihnen gegenüber und isolieren uns selbst.

Der Engel des Teilens möchte Dir Mut machen, Dein Leben mit anderen Menschen zu teilen. Dann wirst Du die beglückende Erfahrung machen, dass Dein Teilen reichlich belohnt wird. Denn wenn Du bereit bist zu teilen, werden auch die Menschen ihr Leben mit Dir teilen. Du hast teil an der Vielfalt und dem Reichtum der Menschen. Der Engel des Teilens möchte Dir aber auch zeigen, dass Gott selbst bereit ist, sein göttliches Leben mit Dir zu teilen. Gott will sich nicht für sich selbst behalten. Er ist in Jesus Christus herabgestiegen, um seine Gottheit mit uns Menschen zu teilen. Die Liturgie besingt den wunderbaren Tausch, den Gott mit uns macht: „Gott wird Mensch, damit der Mensch Gott wird."

# 47.

## Der Engel des Mitleids

MITLEID ist keine Schwäche, auch wenn im Dritten Reich die Propaganda das Gegenteil behauptete. Die Ablehnung des Mitleids in dieser kalten und harten Ideologie hatte ihre Wurzel in der Philosophie Friedrich Nietzsches, der den Satz prägte: „Mitleid ist Ansteckung." Umgekehrt hat Schopenhauer das Mitleid als „alleinige echt moralische Triebfeder" und als Basis aller Tugenden verstanden. Zwischen diesen beiden Extremen will Dich der Engel des Mitleids geleiten. Deine Seele hat die Fähigkeit, sich in andere einzufühlen und mit ihnen zu leiden, an ihrem Leid Anteil zu nehmen. Die Lateiner nennen diese seelische Qualität die „compassio". Es ist nicht nur das Mitleiden, sondern auch das leidenschaftliche Engagement für den anderen.

Wenn Du einem anderen helfen willst, dann musst Du mit ihm fühlen und leiden können. Aber Du brauchst zugleich auch eine gewisse Distanz zu seinem Leiden. Wenn Du mit seinem Leiden gleichsam verschmilzt, wenn Du keine Grenze hast zu seinem Leid, dann gehst Du unter im Meer seines Leidens, ohne ihn daraus retten zu können. Es gibt ein Mitleid, das keine Grenze kennt. Das Mitleid, das Jesus in der Bibel meint, ist anders. Ich kann mein Herz dem anderen nur öffnen, wenn ich in meiner Seele zu Hause bin, wenn ich in mir einen festen Stand habe, wenn ich in Gott ruhe. Wenn ich mit dem anderen grenzenlos mitleide, dann bedauere ich mich selbst, wie schlimm die Welt ist. Aber ich werde das Leid dadurch nicht lindern. Im Griechischen heißt Mitleid „Sympatheia". Mitleid bedeutet also Sympathie haben zu einem Menschen, bereit zu sein, mit ihm zu fühlen, ihn gerne zu haben. Nur einem sympathischen Menschen werde ich helfen können. Einem unsympathischen Menschen gegenüber verschließe ich mich. Dann gelingt auch kein Gespräch. Dann werde ich mich nicht so einlassen können, dass der andere daraus Nutzen zieht.

Manchmal klingt Mitleid nach Herablassung. Wir schauen mitleidig auf die Armen und Kranken. Aber wir leiden nicht wirklich mit. Es gibt ein Mitleidslächeln, das verletzt. Es kommt von oben herab. Es bedauert die armen Leidenden. Aber es ist nicht bereit, wirklich mit den Menschen zu leiden und sich auf ihr Leid einzulassen. Paulus weiß, dass wir als Menschen und als Christen aufeinander bezogen sind. Wenn „ein Glied leidet, leiden alle Glieder mit" (1 Kor 12, 26). Wer echtes Mitleid zeigen will, muss leidensfähig sein. Wir sind heute in Gefahr, dass wir uns gegenüber der Flut von Schreckensmeldungen abschotten, weil wir soviel Leid auf einmal gar nicht verkraften. Wir sehen das Leid nicht unmittelbar, sondern durch das Medium des Fernsehens. Damit aber ist es weit weg von uns. Mitleid verlangt, dass ich mit den Menschen bin, die leiden, dass ich bereit bin, meine Zeit und mein Herz mit ihnen zu teilen. Teilen heißt aber nicht, dass ich mit dem Leid des anderen verschmelze. Wenn ich mein Herz mit dem anderen teile, dann bleibt der eine Teil meines Herzens vom Leiden unberührt. Er kann auf das Leid schauen und überlegen, wie man Abhilfe schaffen kann. Der andere Teil öffnet sich für das Leid, fühlt mit, lässt den anderen bei sich eintreten. So kann ein Dialog im Leiden entstehen, der das Leiden lindert und zugleich nach Wegen Ausschau hält, wie das Leid überwunden werden kann.

Gerade in unserer Zeit der Leidverdrängung brauchen wir den Engel des Mitleids, oder wie Max Frisch ihn nennt, den „Engel der Sympathie", um das Leid der Welt anzunehmen und zu verwandeln. So wünsche ich Dir, dass der Engel des Mitleids Deine Seele beflügelt, dass er sie in eine Schwingung versetzt, die mit der Seele des Notleidenden neben Dir mitschwingt. So kannst Du das Leid des anderen spüren, mit ihm durch sein Leid gehen und ihm so einen Weg aus seiner Not heraus ermöglichen. Du lässt Dich dann nicht von den Schwierigkeiten der anderen mit nach unten ziehen, sondern kannst sie durch Dein Mitfühlen verwandeln in einen Weg zu neuem Leben.

# 48.

## Der Engel der Integration

INTEGRATION kommt von „integer = unbescholten, makellos, unberührt, unversehrt, ganz". Integrieren heißt dann: „heil und unversehrt machen, wiederherstellen, etwas Ganzes wiederherstellen". Es gibt Menschen, die andere integrieren können. Sie schließen niemanden aus der Gemeinschaft aus. Sie können auch schwierige Mitmenschen integrieren, so dass sie das Gefühl haben, sie gehören genauso dazu. Auch ihre Fähigkeiten und ihre Eigenheiten sind gefragt. Sie dürfen sein. Sie werden Teil des Ganzen. Durch sie wird die Gemeinschaft bunter und reicher. Es gibt aber auch andere Menschen, die eher spalten. Sie können nur die Besten gebrauchen. Die anderen lassen sie links liegen. Sie fühlen sich ausgegrenzt, unbrauchbar und unnütz.

Heute bräuchten wir viele Engel der Integration, um alle Menschen in unsere Gesellschaft und in die Gemeinschaft des Dorfes, der Pfarrei und der kirchlichen Gemeinde zu integrieren. Statt Ausländer auszugrenzen, sollten wir sie integrieren. Integrieren ist mehr als Dulden und Annehmen. Wir bauen sie ein in die Gemeinschaft. Sie werden zu wichtigen Bausteinen, ohne die der Bau der Gemeinschaft nicht bestehen kann. Sie haben eine bedeutende Funktion für das Ganze. Sie fühlen sich gebraucht und ernst genommen. Ohne Integration fällt die Gesellschaft immer mehr auseinander. Statt Integration gibt es dann ein Gegeneinander, einen Kampf um die besten Plätze. Ausgrenzung kränkt und bewirkt bei den Menschen Resignation oder aber Hass, der sich dann irgendwann in gewaltsamen Aktionen entlädt.

Andere Menschen integrieren kann nur der, der alle Gefühle, Leidenschaften, Sehnsüchte und Mächte in sich selbst integriert hat. Integration ist mehr als Selbstbeherrschung. Es geht nicht nur darum, sich nicht von den Leidenschaften beherrschen zu lassen, sondern um eine Integration der Leidenschaften in das Ganze des Lebens. Wenn sie integriert sind, dann dienen sie allem, was ich tue. Dann wird meine Spiritualität leidenschaftlicher und lebendiger. Die integrierte Leidenschaft wird meine Arbeit befruchten, meine Beziehungen intensiver gestalten, meinen Einsatz für andere stärken. Eine wichtige Aufgabe menschlicher Selbstwerdung wäre heute die Integration der Sexualität. Wenn Sexualität abgespalten wird, dann wirkt sie sich verheerend auf die Psyche des einzelnen aus, aber auch auf das Miteinander. Man schnüffelt dann ständig in der Privatsphäre des anderen herum und spioniert seine sexuelle Veranlagung aus. Integration ist auch mehr als Sublimierung. Von Sublimierung spricht man, wenn auf die Sexualität um höherer Beweggründe willen verzichtet wird. Integration aber heißt, dass sie hineinfließt in alles, was ich tue, in mein Gebet, in meine Beziehungen, in meine Arbeit, in meinen Leib, in meine Seele.

Wer alles, was er in sich entdeckt, in seine Seele integriert, der ist in Wirklichkeit integer. Er ist makellos und ganz. Dann gibt es nichts mehr in ihm, das nicht dem höheren Ziel dient: der Einswerdung mit Gott. Alles ist auf Gott bezogen. Nichts kann aus der Beziehung zu Gott herausfallen. Wenn der Engel der Integration Dich zu solcher Einheit geführt hat, dann wird er Dich auch befähigen, die Menschen um Dich herum in die Gemeinschaft zu integrieren. Der Engel wird Dich mit Phantasie begaben, damit Du erkennst, wie die Gaben des einzelnen gut in das Ganze passen und wie jeder zu einem wertvollen Baustein für das Ganze werden kann.

# 49.

## Der Engel des Lobes

**DIE SEELE LEBT VOM LOB.** So sieht es der Psalmist, wenn er betet: „Lass meine Seele leben, damit sie dich preisen kann" (Ps 119, 175). Aber dieser Satz gilt auch vom menschlichen Lob. Die Seele blüht auf, wenn sie gelobt wird, wenn das Gute in ihr angesprochen wird. Jeder Vater und jede Mutter weiß, dass sie in ihren Kindern das Gute mehr durch Lob als durch Tadel hervorlocken. Und in jedem Management-Seminar werden die Verantwortlichen einer Firma aufgefordert, ihre Mitarbeiter immer wieder zu loben, bewusst das Gute in ihnen wahrzunehmen und es dann auch zu benennen. Das deutsche Wort „loben" hat wie lieben und glauben die Wurzel „liob = gut". Loben heißt, das Gute benennen, es durch Worte zum Ausdruck zu bringen. Indem das Gute genannt wird, wird es ins Bewusstsein gehoben und dadurch verstärkt. Die Lateiner sprechen vom „laus" und meinen damit vor allem die Lobrede. Man hielt die Lobrede beim Sieg eines Feldherrn oder bei der Beerdigung eines verdienstvollen Menschen. In der Lobrede zählt man alle Verdienste eines Menschen auf. Man erzählt also vor allem von seinen Taten. Das griechische Wort für loben „aineo" hat den Beigeschmack von „billigen, gutheißen, zufrieden sein". Loben heißt also: einverstanden sein, Ja sagen, zufrieden und dankbar sein für das Leben. Loben ist Zustimmung zur Welt und Zustimmung zu diesem konkreten Menschen. Im Loben nehme ich den anderen so an, wie er ist. Das tut ihm gut.

In der Bibel wird das Loben vor allem auf Gott bezogen. Für den Psalmisten ist leben und loben identisch. Wer nicht mehr zu loben vermag, der lebt nicht wirklich. Lebendig ist der Mensch nur, wenn er auf etwas Größeres aufschaut und es lobt. Indem der Mensch Gott lobt, sieht er über sich hinaus. Er nimmt sein Leben und die Schönheit der Welt bewusst von Gott her wahr und preist Gott für alles, was er ihm an Wunderbarem geschenkt hat. Für Sinclair Lewis ist das Loben nichts anderes als hörbar gewordene Gesundheit. Der Snob ist immer unzufrieden. Er muss immer an allem herum nörgeln. Loben tut der Seele gut. Loben ist Ausdruck einer gesunden Seele. Henri Nouwen hat die Erfahrung gemacht, dass das Loben die alltäglichen Probleme relativiert und uns Gelassenheit und Freiheit gegenüber allem Belastenden schenkt. Er hatte gedacht, er könne durch einen längeren Klosteraufenthalt seine persönlichen Probleme lösen. Doch nach seiner Rückkehr merkte er schon bald, dass er es wieder mit den gleichen depressiven Stimmungen zu tun hatte wie zuvor. Da blitzt in ihm die Einsicht auf: „Klöster baut man nicht, um Probleme zu lösen, sondern um Gott mitten aus den Problemen heraus zu loben." Das ist kein Ausdruck von Resignation, sondern vielmehr von innerer Freiheit. Wir können nicht alles lösen, was täglich auf uns einströmt. Wenn wir aber unsern Blick nicht auf das Negative fixieren, sondern darüber hinaus sehen auf Gott, der uns Tag für Tag die Schönheit seiner Schöpfung bestaunen lässt, dann relativiert sich, worum wir uns so viele Sorgen machen.

Wenn ich Dir den Engel des Lobes wünsche, dann denke ich vor allem an eine zweifache Kunst, die Dich der Engel lehren sollte. Da ist einmal die Kunst, den Menschen zu loben. Wenn Manager von ihrem Führungsseminar zurückkommen und nun eifrig ihre Mitarbeiter loben, dann wirkt das oft gekünstelt. Die Mitarbeiter wittern dahinter die Absicht. Loben braucht die Natürlichkeit und Ehrlichkeit. Es verlangt vor allem die Fähigkeit, wahrzunehmen, was der andere ist und was er Dir und der Gemeinschaft bedeutet. Dann kannst Du auch ins Wort bringen, was Dir bei ihm angenehm auffällt. Der Engel des Lobes möge Dir den guten Blick und das rechte Wort des Lobes schenken. Und der Engel des Lobes lenke Deinen Blick auf den Urheber alles Guten, auf Gott. Dein Loben kommt erst dann zur Vollendung, wenn Du Gott lobst als den, der Dir Dein Leben geschenkt hat, der Tag für Tag Großes an Dir tut. Das Loben wird Dir die Welt in einem anderen Licht zeigen. Und es wird Deine Seele leben lassen. Denn Loben entspricht dem Wesen Deiner Seele.

# 50.

# Der Engel des Lichts

**LICHT** gehört zu den stärksten menschlichen Erfahrungen. Es bedeutet Leben, Heil, Glück, Hoffnung, strahlende Schönheit. Es vertreibt die Finsternis, die bedrohlich und Angst machend sein kann, es ordnet das Chaos, das wir mit dem Dunkel verbinden. Die Sprache der Religionen knüpft seit alters an diese Bedeutungen des Lichtes und seiner tiefen Symbolik an. In der christlichen Taufe wird dem Vater des Kindes eine brennende Kerze überreicht. Es gibt das schöne Ritual, dass dann alle Kinder an der Taufkerze ihre Kerzen anzünden. Deutlich wird dadurch: Durch jedes Kind kommt ein Licht in die Welt, wird unsere Welt heller und wärmer. Manchmal haben wir auch das Gefühl, daß unser Zimmer heller wird, wenn ein bestimmter Mensch eintritt. Menschen, die uns lieben, werden für uns zu einem Licht. In ihrer Nähe hellt sich unser Gesicht auf. Bei manchen spürt man die Kälte, die von ihnen ausgeht. Bei anderen wird einem warm ums Herz. Die Kunst stellt die Heiligen mit einem Heiligenschein dar. Sie weiß darum, daß ein Mensch, der innerlich erleuchtet ist, auch einen hellen Schein nach außen abgibt. Er hat eine helle Aura. Böse Menschen, so sagt man und so empfinden es viele, haben einen dunklen Blick. Auch von ihrem Leib geht etwas Dunkles aus.

Der Engel des Lichts möchte Dich erleuchten, damit Du selbst für andere zum Licht werden kannst. Du kannst aber nur zum Licht werden, wenn Du das Licht Deines Engels hineinstrahlen lässt in Deine innere Dunkelheit. Licht und Dunkelheit gehören zusammen. Es gibt kein Licht ohne Dunkelheit. Das Licht muss die Dunkelheit durchdringen. Du musst das göttliche Licht Deines Engels in alle dunklen Abgründe Deiner Seele leuchten lassen. Dann wird alles in Dir zum Licht. Alles wird durchlässig für das Licht aus der Wirklichkeit des Heiligen. Erleuchtung ist das Ziel allen geistlichen Strebens. Die frühen Mönche sprechen davon, dass die Seele selber zu einem Licht wird. Wenn wir uns von Gottes Licht immer mehr verwandeln lassen, dann können wir das innere Licht sehen. Wenn wir meditieren, dann sehen wir in unserem Herzen ein Licht. Evagrius Ponticus, ein Mönch aus dem 4. Jahrhundert, spricht davon, dass die Seele dann wie ein Saphir leuchtet. Wenn wir zu diesem Zustand der Kontemplation gelangen, so meint Evagrius, ist ein Engel uns nahe. Er bringt uns Licht und bewirkt in uns ein tiefes Gefühl des Vertrauens. „Engel werden dich begleiten und dir den Sinn der ganzen Schöpfung erschließen" (Evagrius, Über das Gebet 80). Das innere Licht erhellt uns auch die Schöpfung. Wir werden dann in jeder Blume und in jedem Grashalm ein Licht und eine Liebe entdecken, die die ganze Schöpfung trägt.

Die Schönheit der Schöpfung erstrahlt im Licht dieser Liebe. Wer die Wirklichkeit in diesem Licht sieht, dessen Seele wird selber hell und voll Freude. Licht hat nach der Tradition auch mit Schönheit zu tun. Für die griechische Philosophie scheint uns im Guten, Wahren und Schönen Gott, der Urgrund allen Seins, selbst auf. Das Ziel der Seele ist es, zu Gott aufzusteigen, damit sie vom überströmenden Glanz überschöner Göttlichkeit übergossen wird. Gregor von Nazianz meint, die Engel seien so trefflich nach Gottes Schönheit geschaffen, dass sie uns das göttliche Licht mitteilen. Für ihn haben die Engel also eine enge Beziehung zur Schönheit.

Der Engel des Lichts macht Dir den Blick hell, damit Du all das Schöne wahrnehmen kannst, das die Welt Dir anbietet. Da ist zunächst Dein schöner Leib. Ich erlebe immer wieder Menschen, die ihren Leib nicht annehmen können, weil er nicht so gestaltet ist, wie es heutige Mode möchte. Aber jeder Leib ist schön und gut. Die Voraussetzung für die Schönheit des eigenen Leibes ist, dass ich einverstanden bin mit ihm. Wenn ein Mensch mit sich im Einklang lebt, dann strahlt sein Gesicht etwas Schönes aus. Harmonie und Freude werden darin zu lesen sein. Wenn Du an Deine eigene Schönheit glaubst, wird Deine Ausstrahlung heilend sein. Dieses Licht wird Deiner Seele gut tun. Und es wird zurückstrahlen.

Vielleicht hast Du es schon einmal erlebt, dass sich ein Gesicht aufhellt, wenn Du es freundlich angestrahlt hast. Wenn der Engel des Lichts bei Dir ist, dann wirst Du selbst zu einem Licht für andere. Dann strahlt aus Deinen Augen etwas, das andere ansteckt. Dann werden durch Dich auch die Augen der anderen hell. Und es geht von Dir eine Wärme aus. Es gibt das warme Licht, in dem wir uns wohl fühlen. Dem gleißenden Neonlicht weichen wir eher aus. Da fühlen wir uns nicht geborgen, sondern eher durchschaut, durchleuchtet und analysiert. Das warme Licht, das Dein Engel ausstrahlt, schenkt ein Gefühl von Heimat und Geborgenheit. Es lädt ein, auszuruhen. Es verbreitet eine aufhellende Stimmung.

Ich wünsche Dir, dass der Engel des Lichtes Deine Seele immer mehr erleuchtet, dass das Licht in die finsteren Schluchten Deines Inneren eindringt und sie durch seinen Strahl verwandelt in bewohnbare Räume. „Wenn dein ganzer Körper von Licht erfüllt und nichts Finsteres in ihm ist, dann – so sagt Jesus – wird er so hell sein, wie wenn die Lampe dich mit ihrem Schein beleuchtet" (Lk 11,36). Dein ganzer Leib wird dann Licht ausstrahlen. Du wirst wie mit einem Schein umhüllt, mit einer hellen und angenehmen Aura umgeben sein. Wenn Du Licht geworden bist, dann wirst Du selbst zum Engel des Lichts für andere werden. In Deiner Nähe werden sich die Menschen wohl fühlen und ihre Stimmung wird sich aufhellen.

## Inspirationen von Anselm Grün

Anselm Grün
**Vergiss das Beste nicht**
Inspiration für jeden Tag
Band 4864

Jeder Tag ist Lebenszeit, in der wir dem Glück begegnen und Lebensfreude finden können. 365 Anregungen, die der Seele gut tun.

Anselm Grün
**Weihnachten – Einen neuen Anfang feiern**
Fest zwischen den Zeiten
Band 4935

Anselm Grün legt die alten spirituellen Bilder der Advents- und Weihnachtszeit für heute ganz neu in ihrer tiefen psychologischen Bedeutung aus.

Anselm Grün
**Herzensruhe**
Im Einklang mit sich selber sein
Band 4925

Leistung und äußerlicher Wohlstand allein können nicht bringen, wonach sich Menschen wirklich sehnen: innere Ruhe und Seelenfrieden. Der moderne Seelenführer zu einem tieferen Leben.

Anselm Grün
**50 Engel für das Jahr**
Ein Inspirationsbuch
Band 4902

Die 50 Engel des Jahres sind inspirierende und diskrete Begleiter des Alltags. Ein „himmlisches" Buch, zum Schmökern und Verschenken.

Anselm Grün
**Jeder Mensch hat einen Engel**
Band 4885

Engel: Jeder Mensch braucht im Haus seiner Seele besondere Räume des Schutzes, des schöpferischen Versunkenseins. Ein spirituelles und inspirierendes Buch.

# HERDER spektrum

## Bücher, die der Seele gut tun

Pierre Stutz
**Ein Stück Himmel im Alltag**
Sieben Schritte zu mehr Lebendigkeit
Band 5036

Mit konkreten spirituellen Übungen zeigt der bekannte Autor, wie wir die Quellen der eigenen Lebendigkeit wieder entdecken können.

Bernardin Schellenberger (Hrsg.)
**Gib deiner Seele Flügel**
Mystische Augenblicke für jeden Tag
Band 5031

Die schönsten und zugänglichsten Texte alter und moderner Mystiker – ausgewählt für jeden Tag. 365 Inspirationen, die aus der Routine führen.

Anthony de Mello
**Zeiten des Glücks**
Band 5052

Die schönsten Texte de Mellos, die aufmerksam machen auf die tieferen Möglichkeiten des Alltags. Geschichten, die Herzen verwandeln.

Anthony de Mello
**Gib deiner Seele Zeit**
Inspirationen für jeden Tag
Band 4984

Inspirationen, die nach innen führen und jedem Tag mehr Tiefe und mehr Leben geben. Mit ausgesuchten Schmuckvignetten.

Irmtraud Tarr Krüger
**Vom leichten Glück der einfachen Dinge**
Kleine Freuden – große Wirkung
Band 4911

Innehalten, zu sich selber kommen, genießen, der Seele Luft und Atem geben: Sich inspirieren lassen, die Kunst des Lebens selber zu probieren.

# HERDER spektrum